살기 위해 읽었습니다

KB192815

살기 위해
읽었습니다

이윤희 지음

siso

chapter

04 행복한 책 덕후의 독서법

chapter

05 | **내가 매일 책을 읽는 이유**

내 인생은 대체 왜 이런 걸까?

손을 덜덜 떠는 아이

"네 담임선생님이 그러시는데, 너 시험시간만 되면 손을 떤다더라."

고등학교 2학년 2학기 상담 기간, 학교에 다녀온 엄마가 나에게 건넨 말이었다. 나는 적잖이 놀랐다. 내가 시험시간에 손을 떤다는 건 알고 있었다. 마킹을 제대로 하려고 온갖 노력을 해야 했으니까. 하지만 다른 사람이 봤다는 건 예상치 못한 일이었다.

엄마는 그 일에 대해 묻거나 더 언급하지 않았다. 대수롭지 않게 넘기는 엄마의 반응에 실망했던 걸 보면 나는 엄마가 무슨 말이라도 하기를 기대했었던 것 같다. 하지만 이유를 물었다 해도 내 속마음이 어떤지 얘기할 수 없을 터였다. 나는 이미 내 생각과 감정을 가족과는 공유하지 않고 있었다. 그저 묻어둘 뿐이었다.

언제부터 시작되었는지 모르지만 분명 나는 손을 떨고 있었다. 그리고 이는 아주 오랫동안 지속 되어 성인이 되어서까지 나를 괴롭혔다. 손까지 떨게 된 데에는 그럴 만한 이유가 있을 터였다. 그런데도 나는 내가 손을 떨고 있다는 사실에 대해 깊이 생각해본 적이 없었다. 손을 떠는 일의 원인을 되짚어보는 과정을 가진 건 한참 뒤의 일이었다. 이것이 나는 못내 아쉽다.

초등학교 1학년 때였다. 학교에서 받아쓰기 시험을 봤는데 결과가 좋지 않았다. 하지만 나는 아무 걱정 없이 집으로 가 엄마에게 시험결과를 보여주었다. 그런데 엄마는 그걸 보자마자 크게 화를 내고는 빨랫줄에 걸려있던 흰색 옷걸이를 들었다. 그날 나는 그 옷걸이로 사정없이 맞았다.

얼마쯤 맞았을까. 울면서 맞고 있는데 엄마가 멈칫하는 것이 느껴졌다. 눈가가 찢어졌는지 피가 났다. 엄마는 놀란 듯 다급하게 수건을 가지고 와서 눈가의 피를 닦아줬지만 엄마의 손길은 거칠었다. 엄마는 학교 선생님이 여쭤보면 넘어졌다고 대답하라고 말했다. 그 외의 다른 말은 없었다. 다음 날 내 얼굴을 보고 놀란 선생님에게 나는 넘어졌다고 얘기해야만 했다. 너무 마음이 아팠다.

나에게 꽤 강렬한 경험이었다. 그래서 아직도 기억이 생생하다. 아마 이때부터였던 것 같다. 나에게 엄마는 무서운 존재였다. 엄마는 나의 실수나 잘못에 절대 너그럽지 않았다. 격려를 해주거나 용기를 주는 일은 더더욱 없었다. 부드러운 훈육도 역시 없었다. 학창시절 내내 나는 무자비한 체벌에서 벗어날 수 없었다. 자주 있는 일은 아니었지만, 나는 종종 멍이 든 몸을 옷으로 가리기 위해 애를 써야 했다.

나는 매 맞는 게 수치스럽고 슬펐다. 다른 사람이 맞는 걸 보는 것도 그랬다. 동생에게는 상대적으로 엄마의 관심이 덜했지만 간혹 체벌을 피할 수 없을 때가 있었다. 그럴 때면 나는 동생이 맞지 않도록 온몸으로 방어했고, 대신 야단을 맞기도 했다. 동생이 맞는 걸 지켜보는 것보다는 그게 나았다. 나는 그런 아이였다. 예민하고 감수성이 풍부했으며 마음이 아주 여렸다. 엄마는 내가 어떤 아이였는지 알고 있었을까?

체벌이 있는 날(그 대상이 나든 동생이든)에는 엄마가 미워서 견딜 수가 없었다. 의자 위에 혹은 바닥에 앉아 무릎을 세워 고개를 푹 파묻고는 엉엉 울었다. 엄마를 증오하는 말도 계속 내뱉었다. 그럴 때면 엄마가 이 세상에서 없어졌으면 했다. 그러는 동시에 내가 무서워 울기도 했다. 이런 생각을 하게 한 엄마를 원망하면서 말이다. 그렇게 한바탕 눈물을 쏟아내는 동안에도 엄마는 나를 안아주지 않았다. 그 일에 관해 대화를 나누려고 하지도 않았다. 그저 각자 다른 공간에서 있을 뿐이었다. 나는 풀리지 않은 슬픔을 차곡차곡 쌓으며 자랐다. 엄마에게 양가감정을 품은 채로 괴로워했다.

엄마는 자주 학교에 다녀갔다. 그런 엄마가 부담스러웠지만 아무 말도 하지 못했다. 시험공부를 할 때면 방문 앞에서 늦은 밤까지 감시하던 엄마의 모습이 선명하다. 엄마의 관심은 오로지 나의 학업과 성적에 집중되어 있었다. 내가 무슨 생각을 하는지, 어떤 감정을 느끼고 있는지에 대해서는 이야기를 나눈 적이 없었다. 자연스레 힘든 일이 생겨도 침묵하며 차라리 혼자 견디는 편이 낫다고 생각했다.

언젠가 이모에게서 엄마가 꽤 욕심이 많았다는 이야기를 들었다. 엄마는 팔 남매 중 일곱째였다. 공부 욕심이 많았지만 고등학교 졸업으로 만족해야 했다. 그 아쉬움을 종종 나에게도 말하곤 했다. 엄마는 못다 이룬 학업의 꿈을 내가 대신 이루어주길 바란 것이었다. 엄마의 욕심이 투영된 학업, 성적에 대한 관심이 나를 짓눌렀다. 엄마의 지대한 관심 속에 나는 점점 공부를 두려워하게 되었다.

중학교에 들어가면서 본격적인 공부가 시작되었다. 그전까지는 시범 경기였다면 이제부터는 본 경기였다. 나는 교과서를 통째로 외우지 못하면 불안했다. 길을 걸으면서도, 밥을 먹으면서도 교과서 내용을 머릿속으로 줄줄 암기하고 있었다. 잠시도 내 머리는 쉬지 못했다. 교과서 내용을 차례로 떠올리다 중간에 막히면 숨이 콱 막혔다. 불안해서 견딜 수가 없었다. 길 위에서든, 잠자리에서든 상관없이 빨리 교과서를 펼쳐 봐야만 했다. 그렇게 하다 보니 몇 페이지에 어떤 내용이 있는지 외울 정도였다. 그런 나를 보며 친구들은 걸어 다니는 백과사전이라고 불렀다.

이렇게까지 공부했건만 나의 등수는 늘 반에서 3등이었다. 친구들은 나를 치켜세워줬지만 나는 별로 기쁘지 않았다. 이마저도 지키지 못할까 봐 겁이 났다. 시험 기간에는 자면서 종종 가위에 눌려 잠조차도 편하게 잘 수 없었다. 마킹할 시간은 충분했지만 이상하게도 손이 떨렸다. 시험에 대한 압박은 공부의 효율을 떨어뜨렸고, 심리적인 불안으로 나는 내 손을 통제할 수 없었다. 그리고 단어를 강박적으로 외우기 시작했다. 나의 기억력이 여전한지 수시로 확인해야 했고, 잊어버릴까 걱정했다. 의미 없이 외웠던 단어들을 입 밖으로 내뱉어야 마음이 안정되었다.

괴로웠다. 머릿속은 매일 불안과 걱정으로 가득 차 속이 꽉 막힌 것처럼 느껴졌다. 기억하지 않아도 될 단어나 문장을 계속 되뇌었다. 잠시 다른 생각에 잠기다가도 다시 단어와 문장을 떠올렸다. 두통으로 멍하게 있다가도 무의식적으로 단어를 중얼거렸다. 이런 나를 스스로 이상하다고 생각하면서도 나에게는 단어를 잊지 않았다는 확신이 더 중요했다. 단어들을 별 이유 없이 줄줄 외우는 일은 스트레스가 되기도 했지만 동시에 불안감을 없애는 일이기도 했다.

손을 떠는 일도, 암기에 대한 강박도 모두 두려움에서 시작되었다. 처음에는 엄마의 체벌이 두려워서였지만, 체벌이 멈춘 후에도 나는 스스로 아주 오랫동안 두려움 속에 나를 놓아두었다. 성인이 되고 느지막이 수능 공부를 다시 할 때도 그랬다. 오랜 시간이 지났기 때문에 두려움이 사라진 줄 알았다. 그러나 수능을 보면서, 또 교대에 입학해 첫 중간고

사를 치르면서 아니란 걸 알게 되었다. 나는 토씨 하나 안 틀리고 외우려 노력했고, 또다시 손을 떨었다.

나는 오랫동안 엄마를 원망하며 살았다. 내가 공부에 대해 두려움을 갖게 된 것, 그래서 긴장하며 살 수밖에 없었던 것, 학창시절이 행복하지 못했던 것을 모두 엄마의 탓으로 돌렸다. 나는 많은 시간을 엄마에게 화를 내고 스스로 자책하는 데 허비했다.

'지금 알고 있는 걸 그때도 알았더라면 어땠을까?'

나는 과거를 떠올리면서 종종 이렇게 자문해보곤 한다. 물론 이런 생각을 한다고 해서 과거를 바꿀 순 없다. 하지만 그때는 미처 알지 못해 잃어버린 소중한 것들을 생각하면 아직도 안타까운 마음이 드는 건 사실이다.

희망적인 건 "과거로 돌아가 시작을 바꿀 순 없지만, 지금부터 시작해서 끝을 바꿀 수는 있다"라는 C. S. 루이스의 말처럼 과거에 얽매일 필요가 없다는 것이다. 나는 책을 읽는 매 순간 깨닫는다. 책을 읽기 전의 나로 돌아갈 수 없다는 것을, 그러므로 과거엔 상상조차 할 수 없었던 나의 끝을 만나게 될 거라는 것을 말이다.

아직도 수능 날이면 눈물 흘리는 이유

매년 11월 둘째 혹은 셋째 주 목요일에는 온 나라가 떠들썩해진다. 바람이 선선하다 못해 차갑게 느껴지면 굳이 날짜를 확인하지 않아도 수능일이 코앞이라는 것을 안다. 1년에 한 번 있는 중요한 행사이기에 매년 11월이 다가오면 언론에는 연신 수능에 관한 기사들이 나온다. 수능 당일에는 수험생들의 편의를 위해 출근 시간과 등교 시간이 조정되고, 수험생이 지각해서 시험을 못 보는 일이 없도록 경찰차도 대기한다. 듣기 평가가 시작되는 시간에는 비행기 이착륙도 금지된다. 아침부터 뉴스에서는 긴장한 수험생들의 표정, 간절히 기도하는 부모님의 모습 등을 보여준다. 온종일 각 영역의 난이도를 분석하는 기사가 쏟아진다.

이미 나의 수능은 끝났건만 나는 20살이 되어서도 수능 관련 기사를 찾아보았다. 수능일 전에는 올해의 난이도 분석에 관련된 인터넷 기사를 살펴봤다. 그리고 대망의 수능일, 나는 수험생도 아닌데 전날 밤부터 잠을 이루지 못했다. 온갖 생각에 잠겨 뒤척이다 결국에는 잠을 설치고 말았다. 가까스로 해가 밝아오자 기다렸다는 듯 거실로 나가 TV부터 켰다. TV 속 여러 채널에서는 시험장으로 향하는 수험생들의 모습을 보여주었다. 시험장 문이 닫히는 시각이 다가오자 아슬아슬한 장면도 비췄다. 퀵서비스 오토바이나 경찰차를 타고 간신히 시험장에 도착한 수험생의 모습을 보며 나는 안도의 한숨을 쉬었다.

그날은 종일 수능 관련 인터넷 기사와 TV 뉴스를 보는 데 시간을 할애했다. 수능이 끝난 늦은 오후부터는 괜히 내 마음이 헛헛해졌다. 뉴스에서는 시험을 마치고 교문 밖으로 나오는 수험생들의 모습을 보여주었다. 그 모습을 보는데 괜스레 내 코끝이 찡해졌다. 밖에서 종일 기다린 부모님과 만나는 수험생들을 보면서 나도 같이 눈물을 흘렸다. 그리고 늦은 시각까지 인터넷을 하며 수험생들의 후기를 찾아봤다.

수능은 이미 나와 관련 없는 일이다. 그럼에도 나는 왜 수능 날 뉴스를 보며 눈물을 흘렸을까? 나는 인생에서 가장 중요한 것이 수능과 대학 입학이라는 그릇된 믿음을 가지고 학창시절을 버텨냈다. 하지만 이 믿음이 산산조각이 난 건 대학 입학 후 얼마 지나지 않아서였다. 나는 배신감에 분노했다.

나의 학창시절은 고통의 연속이었다. 지루한 학교생활은 끝이 보이지 않았다. 이 지겨운 공부를 언제까지 해야 할지, 어른들의 감시로부터 언제쯤 벗어날 수 있을지 우울한 생각들만 가득했다. 중학생 때는 사정이 좀 나은 편이었다. 고등학생이 되자 모의고사부터 중간고사, 기말고사, 수행 평가 등 쉴 틈이 없었다. 그 당시 내가 할 수 있었던 최고의 일탈은 주말에 친구들과 시내에 나가 잠시 스트레스를 해소하는 일뿐이었다.

내가 학교에 다니던 시기에는 체벌 받는 일이 흔했다. 내가 크게 잘못한 일이 없어도 체벌 받을 이유는 늘 있었다. 시험에서 틀린 개수만큼 맞기도 하고, 반 기강이 흐트러졌다는 이유로 단체 기합을 받기도 했다. 교실에서 누군가가 잘못을 했다는 이유로 다 같이 맞는 일도 허다했다. 친구가 바른 언행을 하도록 돕지 못한 게 나의 잘못이었다. 몸에 멍이 들도록 맞는 일은 예사였다. 종종 누구 고막이 터졌다더라, 인대가 늘어났다더라, 깁스하고 왔다더라는 말을 들을 때면 나도 그렇게 될까 무서웠다.

학교에서 정해준 길이보다 머리카락이 길면 바로 그 자리에서 가위로 잘렸다. 염색이나 파마는 꿈도 꾸지 못했다. 불편하더라도 교복 조끼 단추는 꽉꽉 채우고 있어야 했다. 시계를 제외한 모든 액세서리는 허용되지 않았다. 색이 화려한 양말을 신으면 압수당했다. 운동화가 단정하지 못하다는 이유로 집에 슬리퍼를 신고 가야 하는 친구들도 있었다. 머리끝부터 발끝까지 내 맘대로 할 수 있는 게 별로 없었다. 집에서든 학교에서든 숨 막히긴 매한가지였다.

지겨운 공부, 어른들의 무서운 체벌에서 벗어날 길은 얼른 수능을 보고 대학생이 되는 것뿐이었다. 다른 길은 없는 것처럼 보였다. 수능만 끝나면 행복해질 수 있을 거란 막연한 기대가 생겼고, 어른들의 충고나 조언도 나의 이런 기대를 높여주었다. 나는 가까운 미래에 괴로웠던 학창시절을 보상받을 자유와 행복이 기다리고 있을 거로 생각했다. 그 믿음 하나로 버텼다.

나는 무작정 암기하며 공부했고, 외워도 외워도 끝이 없는 공부에 점점 지쳐갔다. 내신 성적은 그럭저럭 괜찮은데 모의고사 성적이 엉망이었다. 이대로라면 정시로 수도권에 있는 4년제 대학을 가는 건 꿈도 꿀 수 없었다. 그런 내가 기대할 수 있는 건 수시뿐이었다. 원하는 학교와 학과를 정해 여러 군데 수시를 넣었다. 그러나 내 이름은 매번 합격자 명단에 없었다. 2학기 수시까지 전부 떨어진 상태에서 나는 참담한 기분으로 수능을 치렀다.

그리고 예상했던 일이 벌어졌다. 내 수능점수로 수도권에 있는 4년제 대학에 입학하기에는 어림도 없었다. 2학기 2차 수시에서도 떨어지면 재수를 하는 수밖에 없었다. 이 공부를 또 해야 할지도 모른다는 생각에 눈앞이 아득해졌고, 집안 분위기는 좋지 않았다. 하루하루가 끔찍한 날들이었다.

가까스로 나는 2차 수시에 합격했다. 드디어 나에게도 행운이 찾아오는구나 싶었다. 이제는 행복해질 일만 남은 듯했다. 그런데 그토록 고대하던 대학생이 되었지만, 허무한 마음뿐이었다. 헛헛한 마음은 시간이 흐를수록 잦아들기는커녕 점점 더 커지기만 했다. 수능은 끝이 아니었다는 사실을 아는 데에는 오랜 시간이 걸리지 않았다. 나는 여전히 무기력하게 시험대 위에 올려져 있는 기분이 들었다.

그동안 나의 앞길에 갈림길이란 없었다. 나는 이미 매끈하게 다져진 곧은 길 위에 있었기에 어른들이 가리키는 방향으로 움직이기만 하면 되었다. 그게 불만이기도 했지만 나는 어른들의 지시를 충실히 따랐다. 나의 의견이나 의지는 뒤로 미뤄두어도 된다는 말을 믿고 싶었기 때문이다. 어차피 내의지로 뭔가를 할 수 있다는 생각은 하지 않았다.

그러나 대학 입학 후 나는 방향을 잃었다. 지금까지 바라는 건 단 하나, 수능을 끝내고 대학생이 되는 것뿐이었다. 그이후의 삶에 대해서는 생각해보지 않았다. 그런데 막상 대학생이 되고 보니 기대했던 만큼 행복하지 않았고, 그것이 남은 내 인생의 행복도 책임지지 못할 거란 걸 알았다. 나는 대학 입시를 앞둔 학생들을 볼 때마다 이런 생각이 맴돌았다.

'저 아이들은 알까? 수능 고득점이, 대학을 잘 가는 것만이 반드시 인생을 행복하게 해주는 것은 아니라는 걸. 사회가 만들어놓은 인생의 정답으로 가는 길에 행복은 보장받을 수 없다는 걸. 우리는 그것도 모른 채 결국 또다시 끌려가게 될 거라는 걸.'

나는 행복이 기다리고 있으리라는 믿음으로 모진 학창시

절을 겪어냈고 대학생이 되었다. 하지만 곧 나의 의지와는 상관없는 또 다른 인생의 정답 매뉴얼에 따라 뛰어야 함을 알아챘다. 나는 그 매뉴얼대로 살 자신이 없었다. 그렇기에 또 다른 목표가 필요했다. 문제는 나에겐 내 삶을 스스로 이끌어나갈 힘이 없었다. 내 생각이 무엇인지도 너무 흐릿해서 알아차릴 수가 없었다. 무얼 하고 싶은 건지, 앞으로 어떻게 살아야 할지 어떠한 실마리도 찾지 못했다. 그것을 어떻게 하면 찾을 수 있는지도 몰랐다.

나는 그저 충동이 이끄는 대로 길을 걸었다. 매번 마주치는 갈림길 앞에서 별다른 생각 없이 길을 선택했다. 모든 것이 충동적이었다. 시간이 흐를수록 이건 아니라는 생각이 들었지만 나는 내 인생이 아무렇게나 흘러가는 걸 뒷짐 지고 관망했다. 자연스레 대학 생활은 엉망이 되었고, 학점은 개판이었으며, 졸업하고 싶다는 생각마저도 들지 않았다. 목적도 없는, 엉망진창이 되어버린 내 삶을 책임지기가 두려웠다. 생각하는 것조차도 무서워 나중에는 아예 생각도 하지 않았다.

주변에는 전부 나와 같은 사람들뿐이었다. 수능과 대학 입학이 전부인 양 사는 사람들, 수능에서 벗어나지 못해 매달리는 사람들, 앞으로 어떻게 인생을 꾸려나가야 할지 갈피를 잡지 못하고 헤매는 사람들. 나는 그런 사람들을 보며 위안을 삼기도 하고, 한편으로는 그런 나를 자책하며 시간을 보냈다. 그 사람들도, 나도 측은했다. 나는 수능을 본 이후로 단 한 발짝도 더 내딛지 못했다.

수능이 처음 시행된 1993년부터 성적을 비관한 수험생들의 자살 사건이 매해 보도되었다. 2003년에는 1교시 시험을 본 뒤 시험장 근처 아파트에서 뛰어내려 목숨을 끊은 여학생도 있었다. 내가 수능을 본 그 해였다. 수능 시험일 부담감에 목숨을 끊은 학생들부터 수능 성적을 받고 비관해 자살한 학생들까지 비극적인 사건이 연달아 발생했다. 수능이 끝났다고 해서 모든 것이 장밋빛으로 변하는 건 아니었다. 누군가에게는 허무함과 넘어야 할 또 다른 장벽이 남아있을 뿐이었다. 수능이 뭐라고 목숨까지 버리는지, 왜 수능이 목숨보다 중요한 것이 되어버렸는지 안타까웠다. 그들의 마음이 이해되어 더 가슴이 아팠다.

시간이 지나고 어느덧 나는 20대 후반이 되었다. 10년이면 강산도 변한다던데, 우리 때와 별반 다를 게 없는 한국의 교육에 나는 절망을 느꼈다. 그래서 교육, 입시와 관련된 것들은 그냥 흘려보낼 수가 없었다. 의무교육까지 마치고 입시에서 벗어났다고 해서 나와 상관없는 일이 되진 않았다. 나는 여전히 그 일들과 관련된 것처럼 느껴졌다. 수험생들의 일이 남의 일처럼 느껴지지 않고 내 일인 것 같았다.

난 교육을 받고 입시를 거치며 상처를 입었다. 그리고 이를 극복하기가 어려웠다. 왜 아무도 더 중요한 것이 있다고 알려주지 않았을까? 그런데 인생은 참 알 수가 없다. 그토록 공부 때문에 괴로워했던 내가 자의적으로 다시 공부를 시작했으니 말이다. 나는 긴 방황 끝에 꿈을 찾았고 그 꿈을 이루기 위해서는 다시 수능을 치러야 했다. 결국 나는 또다시 대학 입시 경쟁에 나를 밀어 넣고야 말았다. 매년 11월 나를 눈물짓게 했던 그 수능을 다시 보기로 했다.

모범생에서 학사경고 세 번의 제적생으로

"너는 먹고 노는 대학생이다."

자유로운 대학 생활을 누리던 어느 날이었다. 집에 널브러져 있는 나에게 엄마가 가한 일침이었다. 보다 못해 에둘러 말한 것이었지만 나는 대수롭지 않게 넘겨버렸다.

20살, 대학생이 되자 엄마는 내 일에 더는 간섭하지 않았다. 갑자기 찾아든 자유에 어안이 벙벙했다. 하지만 나는 금세 이 자유를 열심히 누리기 시작했다. 그것도 안 좋은 방향으로 말이다. 맺힌 한이라도 풀어대듯이 술 마시고 놀러 다니는 데 모든 에너지를 쏟았다. 그래도 12년 개근한 모범생

답게 출석은 꼬박꼬박했다. 그뿐이었다. 유흥을 즐기는 것 외에는 아무 생각도 하지 않았다. 대학에 입학하고 나는 무기력증에 시달렸다. 성적에 맞춰 온 대학과 학과였기에 어떤 미래나 꿈도 생각하지 않았다. 그저 학교에 출석해 수업을 듣고, 마치면 술을 진탕 마신 뒤 비틀대며 집에 갔다.

21살에 연애를 시작했다. 집 근처의 대형할인점에서 아르바이트를 하다가 만난 사람으로, 그 남자의 취미는 온라인 게임이었다. 나는 그와 함께 보내는 시간을 늘리기 위해 게임을 배웠고 이내 푹 빠져들었다. 아침에 일어나자마자 게임을 시작했다. 학교는 빠지지 않고 충실히 나갔지만 수업을 마치면 바로 피시방에 가서 남자친구와 게임을 했다. 늦은 밤이 되면 피시방에서 나와 술을 마시러 갔다. 그러고는 집에 들어가 또다시 게임을 하다 잠이 들었다.

이런 날이 반복되면서 게임을 하는 시간은 점점 늘어갔다. 주말이나 방학에 데이트가 없는 날에도 종일 방에 틀어박혀 게임을 했다. 게임 중독은 식사까지 거르며 할 정도로 심각해졌다. 이제는 종종 수업을 빼먹고 피시방에 가기도 했다. 남자친구와 헤어지고 나서도 이 생활을 버리지 못했다. 아니, 오히려 더 열심히 했다.

22살이 되던 해에 간신히 엄마를 설득하여 휴학했다. 연애가 끝나버린 충격과 게임 중독으로 학교에 가기가 싫었다. 이미 학점은 바닥이었다. 그냥 놀기에는 눈치가 보여 아르바이트를 했고, 그 외 시간에는 게임을 하고 술을 마시며 시간을 보냈다. 미래를 위해 무엇을 해야겠다는 생각은 하지 않았다. 그저 그렇게 시간만 축냈다.

휴학과 복학을 반복하다 어느새 20대 중반이 되었다. 겨우 6학기까지 마쳤지만 남은 2학기로 졸업은 무리였다. 학점이 엉망이라 앞으로도 몇 년은 더 다녀야 할 상황이었다. 갑자기 두려움이 밀려왔다.

'집에는 뭐라고 말해야 하지?'

'이제 더 휴학할 수도 없는데 어떻게 하지?'

마음에 들지도 않는 전공을 살려 취업할 생각은 없었다. 그저 막막하고 무엇을 해야 할지 알 수 없었다. 이런 나를 보며 엄마는 일단 졸업부터 한 후 공무원 시험을 준비하라고 권했다. 그런데 난 학교에 가는 것조차 끔찍했고 생각만으로도 숨이 턱턱 막혔다.

친구들은 이미 졸업을 했거나 졸업 준비 중이었다. 나보다 한참 아래인 후배들과 같이 수업을 듣는 것도 고역이었다. 아예 학교에 가지 않고 그 시간을 보내기 위해 피시방에서 살기 시작했다. 아침 9시가 되기도 전에 피시방에 들어가 점심, 저녁까지 그 안에서 해결하며 시간을 보냈다. 그러다 밤이 되면 집에 들어갔다. 물론 부모님은 내가 학교에 다니면서 공무원 시험을 위해 독서실을 다니는 줄로만 알고 계셨다. 오랜 시간 피시방에 머물다 보니 온몸에 담배 냄새가 뱄다. 엄마는 이상하게 생각했지만 대강 둘러대는 내 말에 쉽게 의심의 눈초리를 거두었다.

마음이 불편했다. 하지만 피시방에 가면 이런 마음도 깡그리 사라졌다. 함께 게임을 하는 사람들은 나를 필요로 했고, 열심히 한 만큼 인정도 받았다. 하루에 10시간 이상을 게임에 몰두했다. 게임 속의 나는 당당했다. 그러나 피시방에서 나오면 현실 속의 나는 너무 부끄러웠고 한없이 초라했다. 길을 가다 아는 사람이라도 마주칠까 두려웠다. 이미 피시방과 집 안에 틀어박히는 것 이외의 생활은 없어진 지 오래되었다. 가족을 제외하고는 누구도 만나거나 연락하지 않았다.

27살이 된 2011년, 집에는 공무원 시험 준비를 위해 휴학한다고 말해둔 상태였다. 물론 나는 공무원 시험 준비를 하지 않았고, 대신 수능 공부를 시작했다. 내가 진정으로 하고 싶은 일이 무엇인지를 간신히 떠올린 후 도전하기로 마음먹었기 때문이다. 하지만 나는 여전히 정신을 차리지 못한 상태였다. 제대로 된 공부를 하기는커녕 피시방만 전전하고 있었다.

여름의 어느 날, 피시방에서 종일을 보내고 늦은 저녁 집으로 돌아가는 길이었다. 내 손에는 순댓국 1인분과 막걸리 1병이 들어있는 비닐봉지가 쥐어있었다. 매일 알딸딸하게 취기가 올라야 잠을 잘 수 있었기 때문에 술을 사 들고 들어가던 참이었다. 사람들과 눈 마주칠세라 주위를 잘 둘러보지 않는데 그날따라 한 풍경이 눈을 사로잡았다.

집으로 가는 골목 오른편에 호프집이 하나 있었는데, 바깥 테이블에는 사람들로 북적북적했다. 가벼운 옷차림의 사람들이 야외 테이블에 모여 떠들썩하게 먹고 마시고 있었다. 순간 그 사람들이 너무 부러워 견딜 수가 없었다. 지금의 나는 결코 할 수 없는 일이었다. 인간관계는 단절되어 있었고, 그들과 같은 현실 속으로 뛰어들 용기도 없었다. 나는 좀처럼 시선을 거두지 못한 채 집으로 꾸역꾸역 들어갔다. 옷에 찌든 담배 냄새와 책상 위에 올려 둔 까만 비닐봉지가 나의 현실이었다. 나의 남은 하루는 담배 냄새를 지우고 순댓국에 막걸리 한 잔을 마시고 끝날 터였다.

어떻게 이런 생활이 숨겨졌는지는 모르겠다. 온몸에 붙은 담배 냄새, 하루가 멀다고 마시는 술. 내가 연기를 잘했나? 아니면 가족들은 나의 이런 생활을 상상조차 못했기 때문인 걸까? 그 당시에는 막막한 내 현실을 잊으려 애를 쓰느라 가족들까지 생각할 여력이 없었다. 아직도 가족들은 그때 내가 어떤 생활을 해왔는지, 무슨 생각을 하고 살았는지 정확히 모른다. 굳이 지나간 일을 언급하고 싶지 않았다. 어쩌면 부모님은 포기하는 마음이 생기셨는지도 모른다. 애써 모른 척하신 건지도 모르겠다. 그렇게 아무도 의문을 표하지 않았기 때문에 그 시간은 오래 지속될 수 있었다.

28살이 되던 해 8월, 대학에서 제적되었음을 알게 되었다. 이미 예상하고 있던 터였다. 두 번의 학사경고를 받았고, 복학해서도 학교에 나가지 않았다. 학사경고 세 번의 결과는 제적이었다. 알고 있었으면서도 나 자신을 속이고 싶은 마음이 너무 강했다. 애써 모른 척했지만 더 이상 견딜 수 없는 순간이 오고야 말았다. 나의 마지막 학기가 끝난 여름, 학교로부터 제적되었음을 알리는 우편물이 날라 왔다.

기억이 생생하다. 그 당시 나를 제외한 모든 가족은 직장에 다니고 있었다. 제적되었다는 사실은 학교 홈페이지를 통해 이미 알고 있었고, 우편물로 통보된다는 것도 알고 있었다. 가족들의 손에 들어가는 일만은 없어야 했기에 나는 어디에도 나가지 못하고 매일 수시로 1층을 왔다 갔다 하며 우편함을 확인했다. 그러기를 며칠, 다행히도 내 손으로 우편물을 받을 수 있었다. 알고 있었다고 해도 직접 우편물을 받아 보니 가슴이 쿵 내려앉았다. 가슴이 뛰고 머리가 어지러워 정신을 차릴 수가 없었다.

돌아갈 곳이 사라지니 현실 감각이 돌아왔다. 어떻게 그리 회피만 하며 살아온 걸까? 아무 생각 없이 산 대가는 혹독했다. 가까스로 그려 본 내 미래는 암흑 같았다. 8년이 넘는 시간이 흘렀는데, 나는 앞으로 나아가지 못하고 오히려 퇴보했다. 무기력하고 나약한 생활을 벗어날 생각은 하지 못하고 내 탓, 남 탓만 하다 게임으로 도피했다. 한때 모범생이었던 나의 추락은 이렇듯 깊었다.

땅바닥만 보며 걷던 아이

"자, 찍을게. 웃어봐."

고역도 이런 고역이 없다. 덕분에 내 얼굴엔 땀이 송골송골 맺힌다. 미소를 짓긴 해야겠는데 입가 주변의 근육이 미세하게 떨린다. 얼굴이 일그러지는 것 같다. 또 얼마나 못나게 나올까 생각하니 우울하다.

'분명 이상한 표정이겠지?'

나는 사진 찍는 것을 싫어했고, 찍는 것만큼 보는 것도 싫어했다. 친구들과 사진을 찍더라도 결과물을 굳이 확인하고 싶지 않았다. 차라리 보지 않는 게 나았다. 평생 사진 찍을 일이 없기를 바라기도 했지만 그런 나의 바람과는 상관없이 사진을 찍어야 하는 날들은 계속되었다. 입학식, 졸업식, 체육대회, 소풍날 등. 그렇게 사진을 억지로 찍고 나면 어김없이 나에게로 결과물이 돌아왔다. 그래도 궁금하긴 했는지 기어코 확인은 했다. 행여 옆에 있는 친구가 내 것을 볼까 봐 괜히 움츠러서 보곤 했다. 내 얼굴을 확인하고 나면 괜히 봤다고 후회하면서 재빨리 가방 속에 쑤셔 넣었다.

내가 이토록 사진 찍는 것을 싫어한 이유는 못생겼다고 생각했기 때문이다. 그걸 의식해서인지 사진을 찍을 때면 얼굴 근육이 제멋대로 움직였다. 그래서 사진 속 내 얼굴은 언제나 어색했다. 그 탓에 사진을 찍을 때마다 못생겼다는 사실을 계속 확인해야 했고, 이는 나를 더욱 움츠러들게 했다.

2019년 잡코리아와 알바몬은 2030 직장인 2,361명을 대상으로 '외모도 경쟁력'이라는 말에 동의하는지에 대하여 설문 조사를 실시했다. 조사 결과 10명 중 9명이 동의한다고 밝혔다. 새로울 것도 없는 결과였다. 이미 우리는 오래전부터 외모가 경쟁력이라는 말을 당연하게 받아들여 왔다. 일명 '얼평'(얼굴 평가의 줄임말)이라는 말도 인터넷상에서 자주 언급된다. 사람들은 온·오프라인에서 아무런 거리낌 없이 얼평을 한다. 외모로 자신과 타인을 평가하는 건 일상생활 속에서 너무도 자연스레 이루어지고 있다. 외적인 매력이 누군가에게는 긍정적인 경쟁력이 될 수 있다는 걸 인정한다. 그것이 나쁘다고 생각하지도 않는다. 하지만 누군가에게 폭력이 된다면 이는 문제가 된다. 선천적으로 못생긴 얼굴 때문에 놀림을 받는다면 얼마나 슬픈 일인가.

　나는 얼평의 피해자 중 한 사람이다. 내가 중학생일 때였다. 나는 학교를 마치고 학원으로 걸어가고 있었다. 학원은 학교에서부터 걸어서 30분이 걸리는 곳에 있었다. 한 15분쯤 길을 따라 걸어가면 5층짜리 아파트 단지가 나오는데, 그날도 평소처럼 그곳을 지나가고 있었다. 그때 어디에선가 갑자기 "야, 못생긴 애!"라는 소리가 들렸다. 그 소리를 듣고 나는 황급히 주변을 둘러보았다. 그곳을 지나가는 사람은 애석하게도 나뿐이었기에 그건 나에게 하는 소리가 분명했다. 그 소리는 아파트 쪽에서 들렸다. 하지만 나는 누가 그런 말을 했는지 찾아볼 엄두조차 내지 못했다. 얼굴이 화끈거려 그저 얼른 그곳에서 벗어나야겠다는 생각만 들 뿐이었다. 지금도 그날 내가 무슨 정신으로 학원까지 걸어갔는지 기억이 나지 않는다. 다만 그 소리를 들은 기억만 또렷하게 남아있다.

나는 그렇게 누군가에게 가혹한 얼평을 당했다.

나는 이전에도 얼평을 당한 경험이 있었다. 초등학교 1학년 때였다. 그날은 1학년 전체 아이들이 한복을 입고 학교 운동장에서 꼭두각시 춤 연습이 한창이었다. 나의 춤 상대는 우리 반에서 키가 큰 편에 속하는 남학생이었다. 그 친구는 내가 못생겨서 같이 하기 싫다고 말했다. 8살, 어린 나이였지만 못생겼다는 말이 얼마나 기분 나쁜 말인지 정도는 알 수 있을 때였다. 나는 당황스러웠고 기분이 너무 나빴다. 그러나 그 아이에게 화를 내거나 선생님에게 이르지는 못했다. 그 기억은 가슴에 오랜 시간 어른거렸다.

그때의 상황이 찍힌 사진이 아직도 나의 앨범 속에 남아 있다. 지금은 서로 뚱한 얼굴로 거리를 두고 서 있는 모습을 보며 웃을 수 있지만 그 당시의 나에게는 분명 웃어넘길 수 있는 일이 아니었다. 그 친구의 말 한마디로 나는 내가 못생겼다는 사실을 처음 깨닫게 되었으니 말이다.

사춘기에 들어서면서 나는 외모에 대한 관심이 높아졌다. 자존감 없는 사람이 외모에 눈을 뜬 건 해악이었다. 나는 예쁜 사람들을 보며 나와 비교하기 시작했다. 그러는 와중에 학원을 가다가 누군가에게 못생겼다는 말까지 들었으니 얼마나 큰 충격이었겠는가. 얼평을 당한 사건들은 충격이 컸던 만큼 내 삶 곳곳에 어마어마한 영향을 끼치기 시작했다. 그 일이 있고 난 뒤 나는 모르는 사람들을 마주하는 게 힘들었다. 내가 고개를 숙이고 길을 걷기 시작한 건 그때부터였다.

나는 누군가와 눈이 마주치는 게 무서워 땅만 쳐다보며 걸었다. 나를 보는 사람들이 모두 나에게 못생겼다고 말할 것만 같았다. 직접 말로 하지 않더라도 그렇게 생각하고 있을 게 분명했다. 고개를 숙이고 있던 습관 때문에 내 목과 어깨는 점점 앞으로 굽어져 더 움츠러든 모양새가 되었다. 지금도 의식하지 않으면 고개를 빳빳이 세우지 못하고 어깨와 함께 등이 굽는다. 내가 여전히 그 자세를 고치지 못했다는 걸 알아차리는 순간은 기분이 썩 유쾌하지 않다.

땅만 보며 걷던 습관은 대학에 들어가서야 사라졌다. 그 습관이 없어진 대신 나는 외적인 모습에 더 집착하게 되었다. 옷을 여러 벌 사 입기 시작했고, 나중에는 아르바이트비로 충당할 수 없을 정도가 되었다. 그래서 엄마에게 손을 벌리는 일이 잦아졌다. 화장하는 법을 배우고 난 후로는 맨얼굴로 집 앞 슈퍼에도 가지 않았다. 맨얼굴을 타인에게 보이는 일은 절대 있을 수 없는 일이라고 생각했다.

또한 몸무게에 집착하게 되면서 하루에 2~3시간씩 강박적으로 운동을 했다. 비가 오나 눈이 오나 365일 하루도 쉬지 않고 걸으며 아령을 들었다. 엄마는 내 모습을 보며 삐쩍 말라 해골 같다고 했지만 나는 뺄 수 있다면 더 빼고 싶었다. 161cm의 키에 몸무게가 40kg 초반까지 내려갔다. 얼굴은 내가 어떻게 할 수 없으니 몸매를 관리해야 한다는 생각이 강했다. 결국 몸무게에 대한 과한 집착은 음식에 대한 강박으로 이어졌다. 워낙 먹는 걸 좋아한 덕에 굶지는 않고, 대신 하루에 1,000cal를 넘지 않도록 철저하게 식이 조절을 했다. 간혹 기름지거나 열량이 높은 음식을 먹은 날에는 그 한 끼로 식사를 끝냈다. 그러고는 3시간 이상 운동을 했다.

44 사이즈의 옷이 들어가던 순간 기뻤던 기억이 난다. 어떻게 그리 지독하게 식이 조절과 운동을 했는지, 지금 생각해보면 참 어리석은 일이었다. 오히려 타인의 외모에 대해 이러쿵저러쿵 떠들어대는 사람들이 고개를 숙여야 마땅했다. 그런데 도리어 나 자신을 낮추고 고개도 들지 못하며 살았다.

나는 연애를 하면서도 외모에 대한 콤플렉스를 버리지 못했다. 연인에게 귀엽고 예쁘다는 말을 들으면 부끄러워서 얼굴이 달아올랐다. 그는 진심으로 말해도 그 말을 곧이곧대로 믿지 못했다. 지금의 남편은 연애 시절부터 현재까지도 쭉 나에게 김태희보다 예쁘다는 말을 하곤 한다. 나는 처음 그 말을 들었을 때 놀리는 건가 싶었다. 나 자신을 어여삐 여기지 못하니 그런 말도 웃으며 받아들이기가 어려웠다.

하지만 지금의 나는 그렇게 주눅 들어있을 필요가 없었다는 것을 안다. 그래서 과거로 돌아간다면 오랜 시간을 한껏 움츠리며 살았던 나를 안아주고 싶다. 나에게 상처 주는 사람들이 나쁜 거라고, 그러니 슬퍼하고 아파할 필요가 없다고, 기분은 나쁘겠지만 그게 나를 부끄럽게 여기는 일이 되어선 안 된다고 말이다.

내 속으로 꽁꽁 숨어 들어간 그때는 몰랐다. 좀 더 넓은 세상에는 나를 움츠리게 만드는 사람보다 크고 귀하게 만들어주고 싶어 하는 사람들이 더 많다는 것을. 나는 세상 밖으로 나오면서 나의 못난이 콤플렉스를 극복해 나갔다. 여전히 진행 중이지만, 그래도 희망적인 건 땅바닥만 보며 걷던 아이는 이제 없다는 것이다.

결혼은 절대 안 할 거야!

하임 G. 기너트는 『부모와 아이 사이』에서 부모가 싸우면 아이들은 불안감과 죄책감을 느낀다고 했다. 가정에 위험이 닥치기 때문에 불안감을 느끼고, 부모의 불화가 자신의 탓이라고 생각해 죄책감까지 느끼게 된다는 것이다. 가정불화 탓으로 불안감을 느끼고 그의 원인을 자기의 탓으로 돌리는 안쓰러운 아이, 그런 아이가 바로 나였다.

"난 결혼은 안 할 거야."

"···."

"엄마, 아빠 결혼해서 사는 거 봐. 난 절대 결혼 안 해."

"어이구, 됐네요."

난 결혼에 관해서 회의적이었다. 부모님은 내가 괜히 그렇게 말한다고 생각했다. 하지만 난 진심이었다. 결혼생활은 아주 끔찍한 것이라는 생각을 하고 있었다.

나는 어렸을 때부터 부모님이 살벌하게 싸우는 모습을 보며 자랐다. 부부싸움의 원인은 달랐지만 양상은 늘 비슷하게 흘러갔다. 집안싸움으로 바뀌고 몸싸움으로 번졌다. 아빠는 욕을 하며 집을 나갔고, 엄마는 바닥에 주저앉아 울었다. 이런 싸움의 시작부터 끝까지 나는 빠짐없이 봐야 했다. 주저앉아 울고 있는 엄마에게 다가가 내 나름대로 위로를 했다. 그러나 엄마의 울분을 멈추게 할 힘이 나에겐 없었다.

나는 방 안에 있다가도 부모님의 목소리가 높아지면 싸움의 현장에 뛰어들었다. 내가 할 수 있는 건 울면서 말리는 일뿐이었다. 부모님의 몸싸움이 시작되면 나는 둘 사이를 비집고 들어가 온 힘을 다해 떨어뜨리려고 했다. 나의 개입이 싸움을 멈추게 하는 일은 없었다. 오히려 내가 화풀이의 대상이 되기도 했다. 그럼에도 나는 늘 부부싸움이 시작되면 말리려고 애를 썼다.

한 번은 부모님의 몸싸움이 너무 심해 앞집에 도움을 청하러 뛰쳐나갔다. 나는 다급하게 문을 두드리며 경찰을 불러 달라고 울면서 소리를 질렀다. 나의 이런 돌발 행동에 엄마는 놀란 듯 보였다. 엄마는 나를 집 안으로 잡아끌면서 창피하니 목소리를 낮추라고 했다.

여동생은 부모님의 싸움이 시작되면 문을 꼭 닫고 귀를 막거나, 노래를 듣거나 했다. 무신경해 보이는 동생이 그렇게 부러울 수 없었다. 나중에야 동생 나름대로 그렇게 불안감을 해소하고 있었다는 걸 알았다. 무신경한 게 아니라 동생도 견디는 중이었다. 나는 동생처럼 방안에서 싸움이 끝날 때까지 마냥 기다릴 수가 없었다. 부모님이 부부싸움을 하면 큰일이 벌어질 것만 같아 가만히 있을 수가 없었다. 불안하고 무서웠다.

언제부턴가 부부싸움을 볼 때마다 온몸이 덜덜 떨리기 시작했다. 그 시간이 너무 고통스러워 부모님에게 그만하라고 소리를 질렀다. 그래도 싸움을 멈추지 않았다. 가끔 나는 내가 정신 나간 사람처럼 느껴지곤 했다. 부모님은 왜 결혼을 해서 나를 이렇게 괴롭히는지 원망스러웠다. '차라리 내가 이 세상에서 사라져버렸으면…' 하고 바랐다.

부모님은 중매로 결혼을 하게 되었다. 20대 중반이 된 엄마는 결혼이 급했다. 바로 위 삼촌의 신혼집에서 방 한 칸을 차지하고 있었는데, 외숙모가 임신했다는 사실을 알게 되자 엄마는 얼른 독립해야겠다고 생각했다. 급하게 소개를 받은 사람이 아빠였다. 아빠는 나이 서른을 목전에 둔 상태였다. 둘 다 결혼이 급했기 때문에 일은 성사되었다.

엄마는 시부모님을 모시고 살진 않았지만 고부갈등으로 꽤 힘들어했다. 할머니와 고모, 삼촌 모두 엄마를 미워한다고 종종 말하곤 했다. 삼촌이 결혼하지 않아 엄마는 외며느리가 되었다. 명절에 할머니 댁에 가면 엄마는 주방에만 있었다. 안방에는 할머니를 비롯한 어른들이 모여 TV를 보며 이야기 나누셨고, 어린 우리는 삼촌 방에서 놀기에 바빴다. 주방에서 엄마는 식사를 차리고 치우는 일을 종일 했다. 내 기억 속에 엄마를 도와주는 어른은 아무도 없었다. 나는 그것을 당연한 일로 받아들였다. 명절에 한 번도 외할머니댁을 가지 않았지만 이것 또한 이상하다고 생각하지 못했다. 엉덩이 한 번 바닥에 붙이지 못한 엄마, 친정에 한 번 가지 못했던 엄마. 할머니 댁에 발길을 끊고 나서야 나는 이 모든 것이 엄마에게는 큰 고통이었다는 것을 알았다. 또한 이는 당연한 일이 아니라 엄마의 희생이 필요했던 것이었음을 알았다.

나는 사춘기가 되면서 아빠를 피하기 시작했다. 엄마는 종종 아빠와 아빠의 가족들에 대한 불만을 나에게 터뜨렸다. 엄마는 불행해 보였고 나도 그랬다. 이 모든 불행을 아빠 탓으로 돌렸다. 그래서 아빠를 미워하게 되었다. 게다가 10살 때 경험한 성추행 사건은 남성에 대한 두려움과 혐오증을 갖게 했다. 또래 남자아이에게 들은 외모 비하의 말도 마찬가지였다. 사춘기가 되면서 나는 여자들이 남자들 때문에 고통받는다고 생각했다. 결혼하면 불행한 일만 생길 것이라고 단정 지었다. 한 번씩 속에서 분노가 일었지만 해소할 방법을 찾을 수가 없었다. 나는 그렇게 편견의 틀 속에 갇혀있었고, 그런 편견은 지금의 남편을 만나기 전까지 계속되었다.

내가 결혼을 하지 않겠다고 말한 건 진심이었다. 나는 부모님이 왜 결혼생활을 지속하는지 좀처럼 이해할 수 없었다. 엄마는 "너희 때문에 이혼할 수도 없다"라고 했다. 나는 이 말이 더 견디기 힘들었다. 그래서 엄마와 아빠가 이혼하는 게 우리를 더 위한 길이라고 항변했다. 그러나 엄마는 그럴 수 없다고 했다. 엄마가 밉고 원망스러웠지만 동시에 안타깝기도 했다. 어렸을 땐 그 안타까운 마음이 얼마나 컸던지 다른 사람들에게 종종 이렇게 말하곤 했다.

"나는 엄마한테 잘해야 해."

엄마의 불행을 내가 책임이라도 져야 하는 것처럼 가슴 아파하며 말했다. 아빠는 나와 동생에게 미안하다고 했다. 그러면서 아빠가 엄마와 싸움을 하는 데에는 다 이유가 있고도 했다. 엄마가 화나게 했고, 누구든 그 상황이 되면 그렇게 싸울 수밖에 없을 거라고 했다. 그러고는 "부부싸움은 칼로 물 베기야"란다. 나는 그렇게 서로 상처를 입히는데 과연 잊을 수 있을까 의아하기만 했다. 그리고 나는 아빠의 미안하다는 말이 정말 듣기 싫었다.

모든 부부가 이렇게 사는 게 아님을 중학교에 들어가서야 알았다. 친구들은 모두 화목한 가정에서 자라는 듯했다. 몇 번 친구들에게 집안 사정을 이야기해봤지만 친구들의 반응이 좀처럼 나에게 위로가 되지는 않았다. 오히려 비교되어 우울했다. 그래서 다시는 가족에 대한 이야기를 입 밖에 꺼내지 않았다.

나는 이상적인 결혼생활을 꿈조차 꾸지 않았다. 내가 결혼하게 되면 부모님처럼 살게 될 거라고 믿었기에 결혼을 하지 않기로 다짐했다. 행여 결혼이라는 단어가 머릿속에 스치기만 해도 "딸은 엄마 팔자를 닮는다"라는 말이 떠오르곤 했다. 그럴 때면 나와 같은 불행한 아이가 또 생겨서는 안 된다고 생각했다. 부모의 결혼생활이 불행한 걸 자신의 탓으로 여기며 슬퍼할 아이가 불쌍하지 않은가.

그랬던 내가 결혼을 하고 아이까지 낳은 건 지금의 남편을 만났기 때문이다. 책을 읽고 꿈을 품으면서 나는 결혼에 대해 다시 생각하기 시작했다. 몇 가지 나와 의견이 맞는 사람이 있다면 결혼을 해도 좋을 것 같았다. 그런 생각이 들기 시작할 무렵, 나는 지금의 남편을 만났다. 남편과 나는 연애를 시작하기 전부터 결혼관과 자녀관에 대해 많은 이야기를 나눴다. 이야기를 나눌수록 이 사람이라면 결혼을 해도 되겠다는 확신이 들었다.

그렇게 나는 남편과 연애를 시작했다. 그리고 당연한 절차처럼 결혼을 했고 아이를 낳았다. 다행히 나는 결혼생활이 행복하다. 결혼하고 나서야 부부란 무엇인지 알게 되었다. 그리고 모든 딸이 엄마처럼 살 팔자를 지닌 건 아니라는 것도 확인하게 되었다.

나는 왜 연애할 때마다 항상 '을'일까?

조유미 작가는 『진짜 모습을 보이면 더는 사랑받지 못할까 봐 두려운 나에게』에서 연애를 할 때 자신의 가치를 스스로 깎아내리는 사람이 있다고 말했다. 그런 사람은 상대방의 말도 안 되는 요구도 들어주고, 별로 내키지 않는 일도 상대가 좋아하면 들어준단다. 그리고 나를 떠날까 봐 두려운 마음에 어쩌지 못하고 끌려다닌다고 했다.

'나 같은 사람을 누가 좋아해 주겠어?'

지금의 남편을 만나기 전까지 나는 늘 이 생각에서 벗어나 본 적이 없었다. 나는 누군가로부터 사랑받기 위해 부단히 노력해야 한다고 생각했다.

나의 첫사랑은 21살에 시작되었다. 이전까지 나에게 남자들은 무섭고 혐오스러운 존재였지만 대학생이 된 후 연애하는 주변 친구들을 보며 '나도 연애란 걸 할 수 있지 않을까?' 하는 생각이 들었다. 일단 마음먹고 보니 연애를 시작하면 행복해질 것만 같았다. 나는 나에게 없는 매력을 가진 사람에게 끌리기 시작했다. 다른 건 다 필요 없었다. 나에게 관심을 보이는지의 여부와 딱 한 가지라도 내가 갖지 못한 걸 가진 사람이면 되었다.

나의 첫 남자친구는 웃는 모습이 매력적인 사람이었다. 웃는 모습이 못나 보여 늘 입을 가리고 웃던 나와는 달랐다. 그 남자는 정말 시원하고 호탕하게 웃었다. 그 모습이 참 예쁘게 보여 결국 나는 속수무책으로 사랑에 빠졌다. 워낙 감정표현을 잘하지 못했던 터라 낯간지러운 말이나 행동은 하지 못했다. 하지만 내가 해줄 수 있는 건 무엇이든 해주고 싶었다. 이렇게나 부족한 나를 좋아해 주는 게 기적이라고 생각했다.

연애를 시작한 지 얼마 안 되어 일어난 일이다. 저녁 데이트를 하기로 한 날이었다. 나는 설렌 마음으로 준비를 마치고 일찍 약속 장소에 나갔다. 혹시 그도 나와 있지는 않을까 기대했지만 아직 그의 모습은 보이지 않았다. 그래도 내 마음은 마냥 들떠 있었다. 얼마쯤 지났을까. 약속 시간이 지났는데도 그는 나타나지 않았다. 한 시간가량을 기다리고 나서야 나는 그에게 전화했다. 그는 방금 막 잠에서 깬 목소리로 전화를 받았고, 지금 깼다며 미안해 했다. 나는 괜찮다고 답하면서 그가 지금이라도 얼른 나가겠다고 말하길 기대했다. 하지만 그는 조금 더 자고 싶다며 다음에 만나자고 했다. 이에 나는 그저 "잘자"라고 답했다. 그러고는 바보같이 웃으며 전화를 끊었다. 전화를 끊고 한동안 당혹스러움에 자리에서 움직이질 못했다. 시간이 좀 지나니 화가 나기 시작했다. 당장 전화를 걸어 지금이라도 나오라고 말하고 싶었지만 참았다. 대신 혼자 술집에 가서 술 한 잔 마시며 나쁜 기분을 털어버렸다.

　이후에도 이 일에 대해서 그에게 어떤 얘기도 하지 않고 그냥 꾹꾹 눌러 담았다. 그와 만나며 속상한 마음이 들때마다 나는 말 한마디 제대로 하지 못하고 이런 식으로 해결했다. 그러자 행복해야 할 연애에서 기쁨보다 슬픔이 더 커지기 시작했다. 울다가 잠드는 날이 늘어갔다. 연애하면 마냥 행복할 줄 알았는데 그렇지 않았다. 나는 아파도 아픈 티조차 내지 못하고 데이트를 했다. 그가 요구하는 건 하기 싫은 일도 기꺼이 따랐다. 이 연애를 유지하기 위해 나는 무엇이든 참아야 했다. 절대 화를 내서는 안 된다고 생각했다.

결국 나의 첫 번째 연애는 오래 지속되지 못했다. 나의 "괜찮아"라는 말에 그는 점점 나와의 약속을 가볍게 여기기 시작했다. 그의 잘못만은 아니었다. 싫은 건 싫다고 말했어야 했는데 나는 그렇게 하지 못했다. 연인 간의 갑을 관계는 상대가 만드는 것이 아니었다. 나를 '을'로 만든 건 다른 누구도 아닌 나 자신이었다. '을'이 되어버린 내 사랑이 더는 견딜 수 없는 순간이 찾아왔고, 그렇게 첫사랑은 끝이 났다. 내 손으로 끝냈음에도 나는 오히려 차인 기분이 들었다. 나 없이도 잘 사는 그의 소식에 나는 무너져 내리곤 했다. 역시 좀 더 참아볼 걸 하는 후회가 들었다.

'나를 사랑해줄 사람을 다시 만날 수 있을까?'

자신이 없었다. 감정적으로 나를 몇 번이고 죽인 후에 이제는 연애에 신물이 난다고 말했다. 하지만 나는 여전히 사랑이 고팠고, 다시 연애를 시작했다. 문제는 이전과 같은 방식으로 연애를 계속했다는 것이다. 연락에 집착했고, 사랑한다는 말을 듣지 못하면 불안해했다. 약속을 어겨도 제대로 화를 내지 못했다. 나는 늘 스스로 '을'이 되어 못 견디고 헤어졌다.

나는 온전히 나를 사랑하지 못했다. 그래서 항상 나의 외부에서 사랑을 찾아야만 했다. 나조차도 나를 사랑하지 못하니 다른 사람을 사랑하는 일 또한 제대로 할 수 없었다. 나는 스스로 나의 가치를 증명해야 사랑받을 수 있다고 생각했다. 있는 그대로의 나는 마땅히 내세울 만한 게 없기 때문이었다. 그나마 날씬하니까, 학벌이 그 사람과 비교해 나쁘지 않으니까 만날 수 있는 거라고 생각했다. 내가 한 모든 연애에서 인연의 끈은 늘 언제 끊어질지 모를 아슬아슬한 것이었다. 내가 조금이라도 지친 티를 내면 그들은 아무렇지도 않게 돌아설 것이라고 믿었다. 나는 스스로 나를 하찮은 사람으로 만들어버렸다.

연애가 끝이 나면 혼자여도 괜찮다고, 외롭지 않다고 말했지만 사랑받지 못하는 게 두려웠다. 그래서 누군가의 곁에 설 수도 없을까 봐 가슴 졸였다. 나에게는 누군가의 인정과 사랑을 받는 것이 중요한 일이었다. 그걸 증명할 수 있는 것 중 하나가 연애였다. 나를 진정으로 사랑하지 못했기 때문에 숨겨야 할 것도 많았다. 진짜 내 생각을 보이면 사랑받지 못하리라 생각하여 매 순간이 조심스러웠다. 아마 나와 사귀었던 그 남자들도 알았을 것이다. 내가 스스로 '을'이 되었다는 것을 말이다. 그래서 그들은 자연스레 '갑'이 될 수 있었다.

지금의 남편을 만나고 나서야 내가 그동안 얼마나 바보 같은 연애를 해왔는지 알게 되었다. 나는 남편과의 연애에서 스스로 '을'이 되지 않기 위해 잘못된 방법으로 그를 괴롭혔다. 먼저 사랑한다고 말하고 싶어도 꾹 참고, 화가 나면 말을 하진 않았지만 표정이나 행동으로 꼬박꼬박 표현했다. 조금만 서운한 감정이 생기면 그 일을 크게 부풀렸다. 이런 나의 모습에 쩔쩔매는 남편을 보면 미안하기도 했지만 동시에 묘하게 기뻤다. 이것이 내가 사랑을 확인하는 방식이었다.

질릴 법도 한데 남편은 변함없이 나를 아껴주었다. 나에 대한 태도가 변하기는커녕 한결같았다. 아니, 나를 더 치켜세워줬다. 나의 못난 생각들도 차분히 보듬어주었다. 그렇다고 해서 내가 '갑'이 되고 그가 '을'이 되진 않았다. 그는 늘 자신감이 있었다. 무슨 일이든 긍정적으로 대처하는 그를 보며 나도 동화되어 갔다. 그렇게 사랑을 하면서 나는 처음으로 편안함을 느꼈다.

그의 전폭적인 지지와 사랑을 받으면서도 한편으로는 일말의 부족함을 느꼈다. 나는 책을 통해 내가 부족함을 느끼는 이유를 알아챌 수 있었다. 나에게는 자신을 온전히 사랑하는 일이 필요했고, 그건 전적으로 나에게 달린 일이었다. 나는 그에게 혼자만의 시간과 공간을 가질 수 있게 해달라고 말했다. 그는 내가 자존감을 세울 수 있도록 나의 요구에 흔쾌히 응해주었다. 덕분에 나는 고요한 공간에 머무르며 '나'를 발견하는 일부터 시작할 수 있었다. 그렇게 나는 견고해져 갔다.

괜찮은 척? 뒤늦게 찾아온 사춘기

불과 10분 전만 해도 기분이 좋았는데 갑자기 엉망이 된다. 낮에는 잠만 자고 싶더니 막상 밤에는 잠도 잘 오지 않는다. "짜증 나"라는 말이 계속 맴돈다. 내가 왜 이렇게 충동적인지 의아하다가도 생각하는 것조차 귀찮아진다. 공부에 집중하기도 힘들다. 어른들의 충고나 도움은 쓸데없는 간섭이라는 생각이 든다. 그래서 반발심이 생기고 청개구리처럼 반대로 행동하고 싶은 충동이 일어난다. 하지 말라는 이야기를 들으면 더 하고 싶어진다. 예전 같으면 하지도 않았을 언행을 서슴없이 하여 부모님이나 주변 어른들이 놀랄 정도로 완전

히 다른 사람이 되어버리기도 한다. 이성은 없고 격한 감정만 남은 사람 같다.

　모두가 한 번쯤은 겪는 사춘기 청소년의 전형적인 모습이다. 최성애, 조벽 교수는 『청소년 감정코칭』에서 사춘기에 접어들면 전두엽이 대대적인 리모델링에 들어간다고 했다. 전두엽은 감정과 충동을 조절하는 뇌의 부위이다. 사춘기 청소년기에는 이런 전두엽이 공사를 시작한다고 한다. 그러니 감정 기복이 심해지는 것도, 충동을 억제하는 일이 더 힘든 것도 모두 이 전두엽이 공사 중이기 때문이다. 그런데 나라고 사춘기를 겪지 않았겠는가?

　언젠가 친척들과 밥을 먹는 자리에서 엄마가 말했다.

　"우리 애들은 사춘기가 없었어요."

　엄마가 그 말을 한 건 처음이 아니었다. 그 말을 들을 때마다 내 속은 답답해졌다. 나는 그 자리에서 "그럴 리가 없잖아"라며 외치고 싶었다. 하지만 늘 그렇듯 침묵하는 쪽을 택했다. 나는 어색하게 웃으며 입을 꾹 다물었다. 나중에 엄마와 그 일에 대해 말을 할 수도 있었지만 그만두었다. 엄마와 나의 기억이 다를 터였다. 엄마와의 숱한 말다툼 끝에 나는 서로의 기억이 다르다는 걸 알게 되었다. 구태여 기억들을 되풀이하며 말하고 싶은 마음은 없었다. 나는 아직 상처를 제대로 보듬지도 못하고 있었다.

물론 나도 사춘기를 경험했다. 집 밖을 뛰쳐나가고 싶던 순간도 더러 있었다. 세상의 온갖 고민을 떠안은 것처럼 느끼기도 했다. 하지만 엄마가 나의 사춘기를 느끼지 못했던 건 이유가 있었다. 그건 내가 억눌렀기 때문이다. 엄마가 무섭기도 했고, 나의 자조적인 선택에 의한 것이기도 했다. 사춘기 청소년이 된 나는 겉으로 보기에는 착하고 순종적인 모범생이었다.

얼굴에 여드름이 하나씩 올라오면서 나의 사춘기도 시작되었다. 학창시절 내내 그랬던 것 같다. 내 주위에서 일어나는 모든 일이 마음에 들지 않았다. 불행한 가정사, 끝이 없어 보이는 시험, 잔소리하고 때리는 선생님들. 그 일들을 겪는 내 가슴속에서는 화가 솟구쳤다. 지금의 나였다면 생산적인 생각을 할 수도 있었을 테지만 그때는 그저 불평과 불만만 쏟아냈다. 더욱 불행했던 건 나는 생각이 많은 아이였다는 것이다. 물론 좋은, 건설적인 생각이 아니었기 때문에 더 힘이 들었다. 건강하게 발산할 줄은 모르고 속은 썩어가고 있었으니 얼마나 괴로웠겠는가.

다행히 그때는 곁에 친구들이 있어서 버텨냈다. 내 속을 다 터놓고 얘기하지는 못했지만 그래도 좋았다. 잠시라도 긴장과 불안을 내려놓을 수 있었기 때문이다. 주말이면 독서실에 가는 척하고 친구들을 만나 카페나 노래방을 쏘다니곤 했다. 엄마를 속이는 일이 불편하기는커녕 묘한 쾌감이 느껴졌다. 엄마는 내가 가끔 친구들을 만나 시간을 보내는 줄로만 알고 있었다. 그럼에도 친구들을 만나러 나가는 나를 볼 때마다 아예 나가서 친구랑 살라고 말하곤 했다. 나는 그럴 수 있다면 그러고 싶었다. 아마 내가 조금만 더 용기가 있었더라면 그랬을 것이다.

내 안에서는 계속 화가 쌓여 갔다. 나는 내가 원하는 만큼 삐뚤어지지도 못하고 버티기만 했다. 그렇게 위태롭게 지내던 어느 날이었다. 엄마에게 크게 혼나고 방 안에 들어가서 혼자 울고 있는데 필통 안에 있는 커터 칼이 눈에 들어왔다. 순간 내 손목을 그어버리고 싶다는 생각이 들었다. 칼날을 손목에 대고는 엉엉 울며 생각했다.

'내가 죽으면 엄마는 슬퍼해 줄까? 후회할까? 목숨을 끊으면 내가 힘들었다는 걸 세상이 알아줄까?'

감정에 북받쳐 손목을 그었는데, 다행히 나에겐 두려운

감정이 더 컸다. 세게는 긋지 못하고 살살 한 번 그으니 피부가 하얗게 일어났다. 아팠지만 몇 번 더 그어봤다. 새빨간 피가 몽글몽글 맺힐 때까지 긋고 나서야 칼을 내려놓았다. 그러고는 세게 그어버리지도 못하고 엉엉 우는 내가 너무 싫어 더 울었다. 그때 나는 엄마가 방에 들어와 내 모습을 봐주기를 간절히 바랐다. 하지만 여느 때처럼 나는 컴컴한 방 안에 혼자 있었다. 더 이상 눈물이 나오지 않을 때까지 울었다. 늘 그랬듯이 버려진 기분이었고, 그날은 더욱 심했다. 교회도 다니지 않았지만 나는 고통 없이 이 세상에서 사라지게 해달라고 빌었다.

나는 괴롭고 슬픈 마음에 이렇게 극단적인 시도까지 했다. 너무나 아프다고, 그러니 이런 내 마음 좀 알아달라고 말하고 싶었나 보다. 스스로 죽음을 선택하는 이들 모두 나와 같은 마음이 아니었을까? 누군가 힘든 자신을 알아주길 바라는 마음, 내가 살아도 된다는 한 가닥 희망이라도 잡고 싶은 그런 마음 말이다.

결국 나는 엄마에게 내가 낸 상처를 보여주지 못했다. 아마도 내 마음을 인정받지 못할 거라는 두려움 때문이었을 것이다. 차라리 그때 엄마에게 가서 손목을 보여주며 화라도 냈더라면, 아마 그랬다면 나의 20대는 다르게 흘러가지 않았을까? 지금 생각해보면 조금 아쉽기도 하다.

겉으로 드러내진 못했지만 폭풍 같던 사춘기를 눌러내고 나는 20대 청년이 되었다. 그래도 크게 반항 한 번 하지 않고 착실하게 살았으니 앞으로의 삶은 더 나을 것이라는 일말의 기대를 품고 20살을 맞이했다. 하지만 그렇지 않았다. 더 나은 삶은 없었다. 더는 엄마에게 매를 맞거나 공부를 강요받는 일은 없었지만, 그렇다고 특별히 행복해지지도 않았다. 수동적으로 살아온 내가 능동적으로 자기 일을 찾아야 하는 성인이 되었다는 것이 두려웠다. 그동안 내가 하고 싶은 일을 선택하는 것도, 결정하는 일도, 생각하는 일조차도 제대로 해본 적이 없었다. 그런데 어른들은 이제 성인이 되었으니 책임감을 갖고 네 삶을 살아야 한다고 했다.

나는 엄마에게 엄청난 배신감을 느꼈다. 어느덧 나는 엄마에게 독한 말들을 퍼붓고 있었다. 나를 아무것도 하지 못하는 바보로 만든 게 엄마라고. 느닷없는 나의 반항심에 엄마는 당황스러운 듯하다가 곧장 날이 선 말들로 나에게 응수했다. 나는 그러기를 기다렸다는 듯이 어린 시절부터 꾹꾹 눌러왔던 기억들을 터트리듯 쏟아냈다. 엄마는 그런 나를 멈추게 할 수 없었다. 결국 엄마의 미안하다는 말 한마디로 상황은 종결되었다.

몇 년을 엄마와 이렇게 보냈다. 갈등이 줄어들기는커녕 점점 더 심해졌다. 그렇게 퍼부어댔으면 기분이 나아질 법도 한데 나는 더 화가 났다. 그때는 나도 내가 무엇을 원하는지 알지 못했다. 엄마의 우는 모습을 보는 것도, 미안하다는 말을 듣는 것도 힘든 일이었다. 속이 풀리기보다는 오히려 더 부룩해졌다. 엄마도 나도 힘든 시기였다.

결국 내가 집을 나가야겠다는 생각이 들었다. 27살이면 독립해도 이상할 나이가 아니었다. 아니, 오히려 독립해야 하는 나이였다. 하지만 나는 두 발로 당당히 독립한 게 아니라 편지 한 장 남기고 몰래 나갔다. 가출한 셈이나 마찬가지다. 나는 조촐한 짐을 챙겨서 미리 계약해두었던 고시텔로 갔다. 집에서 그리 멀리 떨어진 곳은 아니었지만 숨어 지낼 작정이었다. 나는 고시텔에 짐을 대충 풀어놓고 침대에 멍하니 앉아 있었다.

그리고 얼마의 시간이 지났을까. 엄마에게서 전화가 오기 시작했다. 징징 울리는 핸드폰 화면 속 '엄마'라는 글자가 선명하게 보였다. 그냥 안 받을 수도 있었지만 받았다. 사실 마음 한구석에는 전화가 왔으면 하는 바람이 있었다. 조심스레 통화버튼을 누르곤 아무 말도 하지 않고 기다렸다. 화를 낼 줄 알았는데 예상외로 엄마의 음성은 따뜻하고 부드러웠다. "윤희야, 어디야? 얼른 들어와" 하는 말에 엉엉 울었다. 내가 그토록 바랐던 따뜻한 엄마의 목소리였다. 얼어붙어 있던 나의 마음이 녹아내렸다. 나는 어디에 있는지 곧바로 실토했다.

엄마는 고시텔로 나를 데리러 왔고, 우리는 함께 집으로 돌아갔다. 집에 도착하자마자 엄마는 나에게 왜 집을 나간 건지 물어보았다. 나는 숨이 막혀서 견딜 수가 없었다고 답했다. 엄마는 나의 대답을 듣곤 더 이상 아무것도 묻지 않았고 아빠와 동생에게도 함구했다. 대신 엄마는 가족여행을 가자고 했다. 수목원에 가고 싶다는 내 의견에 따라 우리 가족은 꽤 오랜만에 가족여행을 떠났다. 그 여행에서 나는 처음으로 평온함을 느꼈고, 가족여행에서 돌아온 후부터 나는 엄마와 다투지 않았다. 날카롭게 쏘아붙이는 걸 그만두었다. 대신 앞으로 어떻게 살 것인지를 고민하기 시작했다.

뒤늦게야 곪은 상처가 터지듯 찾아온 사춘기는 엄마와 나, 둘 다의 생채기를 더욱 벌려놓았다. 그건 지금도 가슴 아픈 기억으로 남아 있다. 진즉에 알을 깨고 나와야 했는데, 제때 깨어 나오지 못한 어린 나는 엄마에게 칼날 같은 말들만 내뱉었다. 그 칼날들이 결국 나 자신에게 고스란히 돌아온다는 걸 그땐 미처 알지 못했다. 나는 사춘기를 겪어내야 내 삶이 비로소 탄생할 수 있다는 것을 조금 늦게 알아챘다. 그 덕에 몇 배로 더 큰 진통을 겪어야만 했다.

나는 이 경험으로 사춘기를 겪고 있는 청소년들을 다른 눈으로 바라보게 되었다. 약간은 부러운 듯 그리고 잘 겪어내길 바라는 마음으로 말이다. 새가 알에서 나오려고 투쟁하듯 자신의 세계를 찾아서 그들이 사춘기를 잘 겪어내길 진심으로 바란다.

나는 나에게 제일 미안하다

윤홍균 작가의 『자존감 수업』을 처음 접했을 때, 나는 다음 두 문장에서 눈을 떼지 못했다.

'우리는 그동안 자신에게 만족을 못했다.'

'나를 그대로 받아주지 못했다.'

나는 살면서 단 한 번이라도 자신에게 만족해본 적이 있었던가? 있는 그대로의 나를 받아준 적이 있었던가? 아니다. 나는 나 자신을 미워하고 학대하며 단 한 번도 나를 받아준 일이 없었음을 알아차렸다. 그랬다는 사실조차 모르고 살았다. 그래서인지 윤홍균 작가의 두 문장이 내 가슴에 아로새

겨져 종일 아른거렸다.

참 긴 시간이었다. 나는 그 긴 시간을 나에게 상처를 입히며 살았다. 삶은 고통이라 믿으며 내가 살아있는 건지, 죽어 있는 건지 알 수도 없는 그런 삶을 살았다. 현실에 서 있으나 나로서 존재하지 않는 삶이었다. 나는 나를 사랑하는 법을 몰랐다. 그래서 항상 외부에서 사랑을 찾으려 애썼다. 사람은 사랑 없이는 살 수 없는 존재인지라 스스로 채울 수 없는 사랑을 다른 데에서라도 채워야 했다. 그게 결국에는 나에게 상처를 입히는 일이라는 걸 알지 못했다. 나는 타인에게서 만족할 수 없는 사랑을 구하느라 바빠서 내 마음이 만신창이가 되어가는 걸 모른 척했다.

나는 내가 완벽하지 못하기 때문에 사랑받을 수 없다고 생각했다. 내 못난 모습과 성격이 못마땅했고 부끄러웠다. 내 처지는 그 누구와 견주어도 나을 것이 하나 없었고, 내가 뭔가 해낼 수 있으리라는 믿음도 없었다. 내 존재 자체가 희미해서 다른 사람이 나에게 함부로 대해도 화조차 제대로 내지 못했다. 그저 혼자 울며 더 움츠러들 뿐이었다.

『나는 나로 살기로 했다』에서 김수현 작가는 '자신에 대한 수치심, 무가치함은 사람이 가장 견디기 힘들어하는 감정'이라고 했다. 그래서 문제의 원인을 외부의 탓으로 돌리고 변명함으로써 자신을 보호한다는 것이다. 그러나 변명으로는 자신을 지킬 수 없다고 한다. 겉으로 아닌 척해도 무력감과 수치심은 그대로 남아 있기 때문이다.

내가 그랬다. 사랑받고 싶은데 어디에서도 사랑받지 못한다는 생각에 괴로웠다. 얼마나 더 노력해야 사랑받을 수 있는 걸까. 막연한 미래에 대한 불안과 외로움, 두려움, 슬픔이 얽히고설켜 내 안을 가득 채웠다. 나는 그런 감정들을 억눌렀지만 시간이 지나면서 그것들은 점차 분노가 되었다. 그리고 그 분노는 가장 가까운 가족, 특히 엄마에게로 향했다.

나는 엄마를 탓하고, 나를 탓하며 분노를 쏟아냈다. 하지만 분노를 쏟아냈다고 해서 그 격한 감정이 해소되지 않았다. 계속 나의 내면 깊숙한 곳에서 부유할 뿐이었다. 분노는 또 다른 분노를 낳으면서 나는 분노에 잠식되었고 나와 주변인에게 상처를 입혔다. 설상가상으로 나는 다른 사람들이 상처와 고통을 받는다는 사실을 잊어버렸다. 내 상처와 고통을 외면했기에 타인의 것은 알고자 할 여유조차 없었다. 그래서 난 더욱 외로워졌다.

견고하지 못했던 나는 이런 감정들을 애초에 감당하기 어려웠다. 차라리 숨어 들어가는 편이 쉬웠다. 나는 스스로 세상과 담을 쌓기 시작했고 사람들과의 교류를 끊은 채 온라인 속에 나를 감춰두었다. 나는 너무도 약해져 있었기에 쉽게 게임에 중독되었다. 감정적인 교류가 필요 없는 온라인 속의 관계가 편안하게 느껴졌다. 감정적인 교류를 끊어내는 것, 벽 하나를 세워두고 사람을 대하는 것이 나를 보호하는 방법이라고 생각했다. 그렇게 나는 자아와의 세계와도, 타인과의 세계와도 단절되었다.

찬란했어야 할 20대, 나는 그 시간을 그렇게 날려버렸다. 나의 20대는 철저히 과거에 머무른 삶이었다. 과거를 보내주지도 못하고, 현재와 미래까지 과거에 덮여 내 시간은 계속 역행했다. 누구를 탓할 수도 없었다. 다른 사람을 탓하는 건 미련한 일이었다. 주변의 영향을 받기는 했지만 내 인생을 그렇게 이끌어 간 건 다른 누구도 아닌 나였다.

나는 아픔을 제대로 마주하고 화해할 용기를 갖지 않고 잘못된 방식으로 회피했다. 그렇게 나를 내버려 뒀다. 지금의 나였다면 그렇게 방치하지 않았을 텐데…. 어린 나를 비난하고 누군가를 탓하는 삶을 살아온 것에 대한 아쉬움은 고스란히 나에게 미안한 감정으로 남았다. 무엇보다 나를 온전히 사랑해주지 못한 게 제일 미안했다. 나를 조금이라도 사랑해주었더라면 그렇게 나를 학대하며 살지는 않았을 것이다. 과거로 돌아갈 수 있다면 어린 나를 끌어안아 주고 싶다. 괜찮다고, 너는 이미 충분히 사랑스러운 존재라고 말해주면서 말이다.

분명 내 삶에는 고통만 있었던 것은 아니었다. 내가 겪은 아픔에 파묻혀 사느라 잊었지만 기쁨과 행복도 공존했다. 가족들과 웃으며 맛있는 음식을 함께 나눠 먹었던 기억, 친구들과 수다 떨며 스트레스를 날렸던 기억, 연애하며 설레는 감정을 느꼈던 기억, 한여름 밤에 가족들과 거실에 나란히 누워 벌벌 떨면서 전설의 고향을 봤던 기억 등 나에게 모두 소중한 기억들이다. 그런데 이런 기억은 모조리 잊고 아픔만 키우며 살았다니!

이제는 아픔을 끌어안으며 살지 않을 자신이 생겼다. 나는 책을 읽으며 나를 사랑하는 일이 과거와 현재, 미래를 스스로 선택하게 하는 힘이 된다는 걸 깨달았다. 그리고 내가 무엇을 좋아하고 싫어하는지, 세계와 어떻게 관계를 맺고 싶은지, 결국 나는 어떤 사람이 되고 싶은지, 나의 마지막은 어떠하길 바라는지를 생각하게 되었다.

물론 쉬운 과정은 아니었다. 상처투성이의 나를 대면하는 일은 녹록지 않았다. 그러니 나를 보듬고 사랑해주는 일이 쉬웠을까. 저항감이 들 정도였다. 상처를 감추려 애쓴 만큼 그를 풀어내는 일은 더디고 아팠다. 많은 눈물을 흘려보내고 나서야 비로소 과거의 나를 제대로 만날 수 있었다. 긴 시간 과거의 나를 제대로 위로하고 화해하면서 그 시절의 어린 나도 '나'임을 인정할 수 있게 되었다. 그러고 나니 굳이 어린 나를 숨길 필요가 없어졌다. 그래서 나는 깊은 상처가 남긴 상흔을 가리지 않기로 했다. 몰랐기 때문에 두려웠던 것들이 드러나면서 그것들은 오히려 내게 다른 의미로 다가왔다.

힘들었던 시간이 있었기에 지금이 더없이 소중하고 기쁘다. 나는 잃어버렸던 시간, 나를 사랑하지 못했던 일들, 무지했던 과거를 용서한다. 그리고 이제는 현재에 머무르기도 하고, 한 번씩 뒤도 돌아보며, 앞으로 나아가고 있다. 더는 나에게 미안해하는 일은 없을 것이라 믿으며 내 삶을 가꾸어 나가고 있다.

책 한 권이면 충분하다

우연히 펼친 책 한 권

혹시 당신에게도 인생책이 있는가?

인생책이란 내 삶에 큰 영향을 미쳤고, 앞으로의 삶에도 영향을 미칠 것이며, 끊임없이 영감을 주는 책을 말한다. 나는 수백 권의 독서를 하면서 많은 인생책을 만났다. 시, 고전문학, 자기계발서, 에세이 등 다양하다. 세상에 좋은 책은 너무나 많고, 한 구절이라도 내 마음을 울리지 않은 책은 단한 권도 없었다.

그럼에도 그중에서 딱 한 가지만 골라보라고 한다면 결코빼놓을 수 없는 책이 있다. 그 책은 바로 이지성 작가의 『꿈꾸는 다락방』이다. 그 이유는 단순하다. 내 인생의 전환점을 만들어주었고, 나의 앞날에도 계속 영향을 줄 것이기 때문이다. 나는 한 번씩 그 책을 다시 읽곤 한다. 그럴 때면 매번 가슴이 뜨거워진다. 처음 그 책을 만난 후로 8년이나 지났지만, 나는 여전히 그 책의 제목만 떠올려도 생생하게 느껴지는 것이 있다. 나에게 주었던 영감, 그로 인해 헤쳐나갈 수 있었던 두려움의 시간, 용기, 희망이 그것이다. 그래서 나는 『꿈꾸는 다락방』을 처음 만난 순간을 결코 잊지 못한다. 그 책은 내가 가장 힘들었을 때, 잡을 지푸라기가 절실했을 때 나에게 찾아와 주었다.

28살이 되던 해 봄, 나는 또다시 수능을 보기로 했다. 교대 입학이라는 꿈은 이미 작년에 좌절되었지만 이대로 포기할 수는 없었다. 우울증과 게임 중독으로 집과 피시방에만 숨어있던 내게 교사가 되리라는 꿈은 그나마 삶을 살고 싶게 만드는 유일한 것이었다.

하지만 이미 자신감이 바닥으로 치달은 나에겐 꿈을 이루는 것이 막연하게만 느껴졌다. 마음속에서는 끊임없이 '그래도 해보자'라는 용기 있는 나와 '어차피 해도 또 떨어질 거'라는 불안한 내가 엎치락뒤치락했다. 결국 이긴 건 불안한 나였다. 지금까지 실패한 인생을 살아온 내가 성공을 그리는 일은 너무도 어려웠다. 나는 불안감을 잊으려 다시 피시방을 전전하며 시간을 보냈다.

8월, 기분까지 축축 처지는 더운 여름이 시작되고 나는 대학으로부터 제적되었다는 통지서를 받았다. 이미 예상은 했지만 온몸의 피가 쑥 빠져나가는 것 같았다. 한동안은 가슴이 두근거리고 정신이 멍해서 아무것도 할 수 없었다. 하지만 언제까지고 멍하니 있을 수는 없는 노릇이었다. 애써 부정해왔던 8년간의 헛된 시간을 더는 묵과할 수 없는 지경에 이르렀으니 말이다.

내 인생은 묻어두거나 숨겨둘 수 있는 게 아니었다. 어쨌거나 살아야 했다. 이제 나는 이대로 살아지는 삶을 살 것인지, 아니면 내가 주인이 되는 삶을 살 것인지를 선택해야만 했다. 이제 돌아갈 곳도 없는 마당에 더 방황할 수는 없었다. 상황이 나를 더욱 간절하게 만들었다. 밑바닥을 보았으니 이제 그 바닥을 치고 올라가야 할 시간이었다.

수능 기본 교재를 빠르게 훑어보고 바로 문제 풀이를 시작해야 했다. 인터넷 서점에서 수능 문제집을 고른 후 여느 때처럼 읽을 만한 책들이 있는지 살펴보았다. 그러다 문득 자기계발 분야의 책들에 시선이 갔다. 이전에도 자기계발서를 가끔 읽기는 했다. 어려운 상황을 극복하고 성공신화를 만들어 낸 사람들의 이야기에서 왠지 나의 희망도 찾을 수 있을 것 같아서였다. 읽고 나면 정말 의지와 희망이 생기기도 했고, '나도 그들처럼 살아야지'라고 생각하며 하루를 충실히 살아보기도 했다.

하지만 그것도 잠시, 다시 이전 생활로 돌아가는 건 아주 쉬운 일이었다. 그럼에도 자기계발서는 다시 나의 눈에 들어왔다. 이번에는 더욱 간절했기에 달라지리라 마음먹으며 수능 교재와 함께 책 한 권을 구입했다. 그때 만난 책이 이지성 작가의 『꿈꾸는 다락방』이었다. 당시에는 이 책 한 권이 나를 이렇게 변화시킬 줄은 꿈에도 몰랐다.

이지성 작가는 성공한 사람들이 자신의 꿈을 이루기 위해 했던 한 가지 방법에 집중해서 이 책을 엮어냈다. 그 방법은 'R=VD, 생생하게(vivid) 꿈꾸면(dream) 이루어진다(realization)'이다. 나는 책을 펼치자마자 단숨에 읽어 내려갔다. 캄캄한 방 안, 책상 조명등만 밝게 켜진 공간 속에서 나는 엉덩이 한 번을 떼지 않고 책을 읽으며 깨달았다. 내가 한 번도 나 자신을 믿어본 일이 없었다는 걸, 나의 꿈이 이루어지리라 상상조차 해본 적이 없었다는 걸 말이다. 막연하게 하고 싶다고 바라는 것과 그 꿈이 이루어질 것을 믿고 절실하게 바라는 것은 달랐다. 나의 의식이 내 삶에 얼마나 큰 영향을 미치는지 이전에는 알지 못했다.

빙산의 수면 아래 모습을 본 적이 있는가? 수면 위로 보이는 빙산은 일부분일 뿐 그 수면 아래에는 더 큰 빙산이 자리 잡고 있다. 우리가 평소에 보고 있는 현실 그리고 그 속의 내 모습은 수면 위에 보이는 아주 작은 빙산의 일부분이다. 우리는 그 빙산 일부분만 보며 사느라 우리가 가진 무한한 가능성을 잊고 산다. 그 밑, 수면 아래 가려진 더 큰 세상과 내가 있는지도 모른 채 말이다.

나는 『꿈꾸는 다락방』을 읽으며 내 안에 가능성이 있음을 믿기 시작했다. 그래서 하얀 도화지 위에 내가 원하는 걸 매일같이 그렸다. 그 순간만큼은 다른 의심이나 상념도 들지 않았고 꿈을 이룬 내 모습을 그리는 일에만 집중했다. 책을 읽은 후부터 나는 매일 아침, 도서관이나 독서실에 가서 자리에 앉으면 상상 의식을 시작했다. 교단에 서 있는 내 모습, 아이들과 즐겁게 공부하고 교감하는 모습 등을 상상하고 나면 신기하게도 마음이 평온해졌다. 안 될 거라는 불안이나 의심이 더는 나를 괴롭히지 않았다. 마음은 따뜻해졌고, 행복해졌으며, 자신감이 생겼다. 내가 다시 도전할 수 있는 용기를 낸 것에 감사했고, 공부할 수 있는 시간에 감사했다. 꿈을 생생하게 그리기 시작한 날부터 나는 게임을 더 이상 하지 않았다.

물론 한 번씩 불안감이 찾아오기도 했다. 이미 자리 잡고 있어야 할 나이에, 아니면 자리를 잡아가야 하는 시기에 처음부터 다시 시작해야 했으니까. 나이를 먹었다는 것이 이렇게 무서운 일인 줄은 처음 알았다. 부정하고 잊으려고 애썼지만, 이 사회 속에 살아가는 나는 실패자나 다름없었다. 그럴 때마다 나는 미래의 내 모습을 상상했다. 머리 스타일, 옷차림, 행동, 아이들의 모습과 표정, 주변 환경 등 최대한 세세하게 나의 미래를 그렸다. 시간이 지날수록 장면은 더욱 구체적으로 표현되었다.

이쯤 되니 불안감은 거의 사라졌다. 나는 불과 한 달 전의 나와는 전혀 다른 사람이 되었다. 모습도, 생각도, 감정도 모두 바뀌었다. 이렇게 나의 꿈과 한 발짝 가까워졌다고 생각했다. 이토록 무언가를 기대하며 설레는 일이 있었던가 싶을 정도로 나는 하루하루가 즐거웠고 기대되었다.

이전과 다른 점은 나의 마음가짐뿐이었다. 나는 한 권의 책을 읽었고, 꿈을 시각화했다. 단지 그렇게 했을 뿐인데 나를 짓누르던 불안은 거짓말처럼 사라졌고, 자신감이 생겼으며, 나에 대한 확신과 믿음이 생겼다. 게다가 세상을 부정적으로 보던 나의 시각도 달라졌다. 점차 세상은 살만한 곳이, 나의 의지대로 살 수 있는 곳이 되어갔다. 정말 놀라운 일이었다.

혹여나 열심히 하는 데도 자꾸 실패하는 자신에게 실망하고 있다면 그러지 않았으면 좋겠다. 그럼에도 해낼 수 있다는 자신에 대한 믿음이 필요하다. 자신을 믿지 못하면 아무리 재능이 있고 노력을 기울인다 하더라도 꿈을 이룰 수 없다. 그 안에 끼어드는 온갖 불안과 두려움이 노력의 순간마다 보이지 않는 제동을 걸어버리기 때문이다. 그러므로 자기 자신을 믿고 생생하게 꿈을 그려보길 바란다. 그것으로도 변화는 시작된다.

나의 마지막 수능 시험

본격적으로 공부를 시작한 게 8월 중순이었다. 수능 볼 날이 석 달도 남지 않은 상황이었다. 전 같았으면 불안해서 잠도 못 자고 나를 괴롭혔겠지만 더 이상 나는 그러지 않았다. 매일 오전 6시에 일어나 7시까지 도서관 열람실로 갔다. 화장실 갈 때와 점심 먹으러 갈 때를 제외하고는 6~7시간을 집중해서 공부했다.

도서관에서 나오면 기분 전환도 할 겸 독서실로 자리를 옮겼다. 그땐 버스 안에 앉아 차창 밖의 지나가는 풍경을 보면서도 행복했다. 이제 바깥으로 나갈 날이 얼마 남지 않았다는 생각이 들었다. 이미 상상 속에는 환한 미소를 띤 채 당당히 거리를 걷는 내가 있었다. 그러자 버스의 유리창 밖으로 보이는 풍경이 나에겐 쉼이 되었다. 그렇게 기분을 전환하고 긍정에너지를 끌어올리며 독서실로 향했다.

정신없이 공부하는 와중에도 나는 시험 보기 전날까지 손에서 책을 놓지 않았다. 소설책을 읽기도 하고, 자기계발서를 읽기도 했다. 전에는 남의 이야기라고 생각했던 자기계발서 속의 성공담들이 내 이야기가 될 수도 있다는 생각이 들었다. 그러자 책 읽기는 내게 활력이 되었다. 『서른 살, 꿈에 미쳐라』, 『방황은 아름답다』, 『23살의 선택, 보이지 않는 곳에서 길을 찾다』, 『딴따라 소녀 로스쿨 가다』, 『당신의 꿈은 무엇입니까』, 『멈추지 마, 다시 꿈부터 써봐』, 『인생에 한 번은 나만을 위해』, 『스물아홉 생일, 1년 후 죽기로 결심했다』와 같은 책들은 내 의지가 꺾이지 않도록 도와주었다.

나는 시간 가는 줄도 모르고 공부에 매진했다. 그동안 고통스럽게만 생각했던 공부가 내 꿈을 이루어줄 무기가 되리라 생각하니 배우고 익혀가는 과정이 그저 즐겁기만 했다. 그건 나의 선택과 의지에 따른 꿈이었기에 가능한 일이었다.

8월이 지나고 금세 11월이 다가왔다. 쌀쌀한 가을 날씨가 수능일이 코앞에 왔음을 알려주었다. 수능 전날, 나는 그동안 해왔던 대로 도서관에서 시간을 보내고 독서실로 자리를 옮겼다. 최대한 평소와 같은 일정을 보내려고 했다. 하지만 가슴이 벌렁거려 글자가 눈에 들어오지 않았다. 더 앉아 있어 봐야 공부가 될 것 같지 않았다. 차라리 일찍 자고 일찍 일어나는 편이 낫겠다 싶었다. 결국 나는 7시에 집으로 돌아와 저녁을 먹고 가방을 챙긴 후 평소보다 이른 9시에 몸을 뉘었다.

그런데 심장이 머릿속에서 팔딱팔딱 뛰고 정신이 점점 또렷해져서 잠이 오지 않았다. 혹시나 해서 미리 다운 받아두었던 클래식 음악을 들으며 눈을 꼭 감았지만 잠은 오지 않았다. 감각은 멍해지는데 정신만 더 또렷해지는 듯했다. 초조한 마음으로 시계를 보니 이미 새벽 3시를 지나고 있었다. 나는 울고 싶었다. 하지만 기분을 망칠 수는 없었다. 결국 클래식 음악을 들으며 거실로 나와 버렸다. 지금 잠들어도 얼마 못 자고 일어나야 하니 그냥 깨어있는 편이 낫겠다고 생각했다. 다행히 시간은 멈추지 않았고, 날이 밝았다.

엄마는 거실에 누워있는 나를 보고 깜짝 놀라 벌써 일어났냐고 물었다. 나는 학교에 일찍 가야 한다고 둘러대며 몸을 일으켰다. 이른 아침을 먹고 가방을 챙겨 집에서 나왔다. 밖은 아직 캄캄했다. 길을 걷다 김밥가게에 들러 점심으로 먹을 김밥 한 줄을 샀다. 그러고는 근처 편의점에서 생수와 초콜릿, 목캔디 두 통을 샀다. 택시를 기다리며 맞는 차가운 바람이 나의 몽롱한 정신을 깨워주었다. 택시를 잡아타고 따뜻한 공간에 몸을 데우니 그제야 잠이 찾아오는 듯했다. 졸아서는 안 된다고 생각하며 목캔디를 입에 물고 찬물을 들이켰다.

'마인드 컨트롤!'

R=VD를 떠올리며 눈에 들어오지도 않는 차창 밖의 풍경에 시선을 두었다. 집에서 조금 먼 거리의 수험장에 배정받은 터라 택시를 타고 가도 이동 시간이 꽤 걸렸다. 20분쯤 달렸을까. 목적지에 도착했다는 기사 아저씨의 목소리에 정신이 바짝 들었다. 택시에서 내려 교문 앞에 섰는데 학교 안이 어두웠다. 내가 첫 번째로 도착한 것이었다. 당혹스러운 마음으로 운동장을 가로질러 가는데 다행히도 선생님 몇 분이 보였다. 곧 한 사람이 다가와 굳게 잠겨있던 자물쇠를 열어주었고 나는 바로 들어갈 수 있었다.

어두운 복도의 불을 하나씩 켜며 교실로 향하는 그 길이

왠지 비현실적으로 느껴졌다. 나는 곧 시리도록 차가운 복도의 공기를 뚫고 교실에 들어섰다. 교실 안 불을 환히 밝히니 훈훈한 공기가 느껴졌다. 따뜻함에 감사함을 느끼며 자리를 찾아 앉아 잠시 눈을 감고 교단에 서 있는 내 모습을 그려보았다. 그러고는 '나는 할 수 있어!'를 마음속으로 외치고 문제집을 펼쳤다. 익숙한 문제들을 분석하듯 풀어내며 자신감을 끌어올렸다. 그렇게 시간을 보내다 창밖을 보니 어느새 밖이 환해져 있었다. 다른 수험생들도 속속 교실로 들어오기 시작했다. 나는 미리 화장실에 다녀온 후 자리를 지키며 언어영역 기출 문제를 풀었다. 그 시간이 꽤 길게 느껴졌다.

긴 기다림 끝에 감독관 선생님들이 들어오셨고, 본격적으로 시험 치를 준비를 했다. 너무 긴장하지 않도록 나는 마음을 계속 다스렸다. 할 수 있다는 믿음이 그 어느 때보다 강하게 느껴졌다. 얼마나 집중을 했던지 언어영역, 수리영역 시험을 마치고 나니 벌써 점심시간이었다. 시간이 전광석화처럼 빠르게 흘러갔다. 나는 무리 지어 도시락을 먹는 수험생들 틈에서 혼자 차게 식은 김밥을 먹었다. 그러다 보니 입맛이 사라졌다. 결국 반을 남기고 초콜릿을 하나씩 까먹으며 외국어영역 문제집을 풀었다. 언어영역은 어땠다느니, 수리영역은 쉬웠다느니 하는 말들이 들렸지만 애써 모른 척하며 지문 읽기에 집중했다. 그리고 곧 시험이 다시 시작되었다.

외국어영역 문제를 푸는데 갑자기 피로감이 몰려오기 시작했다. 무슨 정신으로 풀었는지도 모르게 시간은 지나가 버렸고 어느새 사회탐구와 제2외국어 시험만이 남았다. 이쯤 되니 정신을 놓으면 쓰러지겠다는 생각이 들었다. 몸이 기우뚱거리는 느낌도 들었다. '얼마 안 남았으니 정신 차리자'라고 생각하며 시험에 집중했다. 마지막 시험까지 치르고 나니 몸이 나른해졌다. 멍하니 시간을 보내다 이제 집으로 돌아가도 된다는 감독관 선생님의 말씀에 나는 재빠르게 학교를 빠져나왔다.

전철을 타고 집으로 돌아가서 가채점을 대강 해보았다. 이 정도면 교대에 갈 수 있겠다는 확신이 들자 마음이 놓이면서 과거의 일들이 파노라마처럼 머릿속을 스쳐 지나갔다. 고생했다며 이제는 다른 삶을 살게 될 거라고 나를 토닥이는데 눈물이 나왔다. '나도 이제 밖으로 나갈 수 있어'라는 생각이 머릿속에서 맴돌았다. 죽지 않고 살아있음에 감사한 마음이 들었다.

사실 28살은 무언가를 시작하기에 늦은 나이가 아니다.

'결심했을 때가 가장 빠를 때'라는 말처럼 새롭게 시작하기에 늦은 때란 없다. 그러니 사회에서 말하는 적절한 시기에서 조금 뒤처졌다고 시작하기를 망설여서는 안 된다. 적절한 시기는 내 가슴이 가장 잘 안다. 76살에 그림을 그리기 시작해 100살에 세계적인 화가가 된 모지스 할머니의 글(애나 메리 로버트슨 모지스, 『인생에서 너무 늦은 때란 없습니다』)과 그림을 볼 때마다 마음이 따스해지는 건 그녀의 시작이 의미하는 바를 알기 때문일 것이다.

나는 지금까지 일련의 경험을 하면서 한 가지를 깨달았다. 그건 내 삶은 내가 마음먹은 대로 움직일 수 있다는 것이다. 타인이 내 삶을 움직이게 하는 듯 보여도 사실은 모두 나의 선택에 의한 것이다. 즉 최종 결정권자는 나 자신이다. 누구의 탓이나 핑계도 대지 말고 내가 진정으로 원하는 것을 해야 한다. 물론 잘 안 될 수도 있고, 시련이 닥칠 수도 있다. 하지만 농익은 시련 속에 분명 나를 위한 기회가 있다. 그러니 내 삶을 스스로 포기하는 가슴 아픈 일은 생각하지 말고 내 인생의 주인이 되어 살자.

문밖으로 나가길 결심하다

수능은 끝이 났다. 이제는 결과가 나오기를 기다려야 할 시간이다. 성적은 한 달 이내에 나올 예정이다. 한 달, 그간 마음고생 하며 지낸 시간에 비하면 아주 짧은 기간이다. 하지만 나에게는 영겁의 시간만큼 길게 느껴질 터였다. 그 긴 시간을 마냥 기다릴 수는 없었다. 뭐라도 하지 않으면 온종일 입시예측 사이트만 들여다보고 있을 것이 자명했다. 게다가 가족들은 아직 내가 학교에 다니는 줄 알고 있기에 시간을 보내기 위해서라도 어딘가로 나가야 했다.

한동안은 나에게 익숙한 도서관으로 다시 갔다. 남은 기간 면접 준비라도 해두는 편이 좋겠다고 생각했다. 하지만 좀처럼 집중할 수가 없었다. 들뜬 마음을 통제하려고 해도 쉬이 편안해지지 않았다. 그래서 나는 시험 준비로 맘껏 보지 못했던 책이라도 읽을까 싶어 책 한 권을 들고 열람실에 앉았다. 하지만 글자가 눈에 들어오지 않았다. 결국에는 책도 읽지 못하고, 면접 준비도 하지 못했다.

그래도 어쨌든 시간은 흘렀고, 시험결과는 다행히 예상했던 대로였다. 이제 막 12월이 되었으니 입시가 끝나고 대학에 입학할 때까진 2~3달의 시간적 여유가 있었다. 입시가 완전히 끝난 것은 아니었지만, 무조건 합격하리라 확신했고 합격 이후의 일을 생각했다. 가장 마음에 걸리는 건 돈 문제였다. 이제 더 이상 부모님에게 손을 벌릴 수는 없었다. 그래서 입학하기 전까지 돈을 벌어야겠다고 생각했다.

사실 아르바이트를 시작하기 위해 나는 큰 결심을 해야 했다. 바깥세상과 단절된 채 지내온 시간이 길었던 만큼 나가는 데도 엄청난 용기가 필요했다. 책을 읽고, 간절한 마음으로 공부를 하면서 변화가 일어나긴 했지만 나라는 사람이 완전히 180도 다른 사람이 된 것은 아니었다. 난 이제 한 발짝을 뗀 것뿐이었다.

나는 더 변화하기를 바랐다. 그래서 당장 실행에 옮기고자 아르바이트 사이트를 수시로 보며 적당한 자리가 있는지 찾아보았다. 기왕이면 많은 사람과 소통할 수 있는 일을 하길 원해서 마트나 백화점 등 다양한 사람을 만날 수 있는 일자리 위주로 찾아보았다. 나에게 분명 좋은 경험이 될 것으로 생각했다.

나는 금세 좋은 아르바이트 자리를 발견할 수 있었다. 집에서 그리 멀지 않으면서도 교통편이 불편해 우리 가족이 잘 찾지 않는 백화점이었다. 일은 백화점 식품관 내에서 근거리 배송 접수를 하는 일이었다. 나는 모집 공고를 보자마자 재빨리 이력서를 준비해 연락했고 바로 면접까지 보러 갔다. 사실 몇 년간의 이력이 없어 안 될 수도 있었다. 하지만 이제 부정적인 생각은 하지 않기로 결심한 터였다. 긍정의 주문이 제대로 먹힌 덕분인지 나는 면접을 잘 치렀고, 곧바로 일을 시작하게 되었다.

일은 생각했던 것보다 훨씬 더 재미있었다. 새로운 사람들을 만나고 소통하는 일이 낯설지가 않았다. 예상보다 나는 꽤 잘 적응했다. 백화점 안에서 만난 인연들과 따로 더 깊은 관계를 맺진 않았지만 내가 다른 사람들과 소통했다는 것,

그것만으로도 충분하다고 생각했다.

문밖으로 나오기 시작하니 이제는 집에만 있는 것이 갑갑하게 느껴졌다. 버스와 지하철을 타고 돌아다니며 세상을 구경하는 게 재미있었다. 이제 막 세상을 보기 시작한 어린아이처럼 주변 풍경을 관찰했다. 출퇴근길 바쁘게 움직이는 사람들, 버스가 오길 오매불망 기다리는 사람들, 노점상에서 토스트를 파는 사람과 그 토스트를 맛있게 먹는 사람들, 지하철 안 각양각색의 사람들, 즐거운 얼굴로 통화하는 사람들과 길 위의 모든 것이 아름답게만 보였다.

세상의 풍경을 즐기고 소통의 행복을 누리며 지내다 보니 어느새 고대하던 날이 다가왔다. 2013년 1월 24일, 나는 일하는 도중에 합격 여부를 확인했다. 떨리는 손으로 겨우 마우스를 클릭하던 그 순간을 나는 평생 잊지 못할 것이다.

'합격을 진심으로 축하합니다.'

보고 또 보고 나는 질릴 때까지 그 문구를 계속 되뇌었다. 출력한 합격증을 몸에 품은 채 근무시간이 빨리 끝나기를 기다렸다. 그날은 반으로 고이 접어놓은 종이 한 장에 마음이 쏠려 그 재미있던 풍경도 눈에 들어오지 않았다. 집으로 돌아온 나는 잔뜩 긴장한 채로 저녁을 먹었다. 처음 합격을 확인하며 느꼈던 설렘은 사라지고 긴장감만 남았다. 이제 가족들에게 알려야 할 때였다. 나는 합격증을 등 뒤로 숨긴 채 안방으로 들어가 엄마에게 할 말이 있다고 운을 뗐다. 무슨 일인지 걱정스럽다는 엄마의 낯빛에 잠시 두려운 마음이 들었다. 그래서 합격증을 바로 보이지는 못하고 빙 둘러 엄마에게 물었다.

"엄마, 나 교대 가면 안 돼?"

엄마는 단번에 안 된다고 말했다. 이제 나이도 먹을 만큼 먹었으니 졸업이나 얼른 하라며 딱 잘랐다. 어느 정도 예상은 했지만, 내 얼굴은 딱딱하게 굳어졌다. 나는 절망감을 느끼며 등 뒤에 감춰두었던 합격증을 내밀었다.

"이래도 안 돼?"

엄마는 합격증을 보고 매우 놀란 듯 보였다. 그러고는 눈물을 보이며 나를 끌어안았다.

"무슨 소리야. 합격했으면 당연히 가야지. 이 독한 것아."

그렇게 나는 2013년, 29살의 나이에 다시 대학생이 되었다. 나는 책을 읽으며 꿈을 향해 발걸음을 내디뎠고, 결국 굳게 닫혀 있던 문을 열고 세상으로 나왔다. 그리고 이전에 단절된 삶을 살았던 것이 믿어지지 않을 만큼 세상을 즐기게

되었다. 나는 나의 세계와 외부의 세계에 조금씩 섞여 들어
갔다.

주변에서 하는 이야기에 또다시 발걸음을 멈추게 될지도
모르지만 그럴 때마다 내 마음속의 이야기에 귀 기울일 것
이다. 마음먹은 대로, 생각한 대로, 말하는 대로 이루어질 것
을 믿기 때문이다. 그래서 나는 오늘도 세상을 향해 문을 열
고 나가 내 길을 걷는다.

29살 신입생입니다만

새로운 시작은 언제나 설레면서도 조금은 두렵기 마련이다. 오랜 방황 끝에 시작된 나의 삶은 더욱 그랬다. 설렘 반, 두려움 반을 안고 진주교육대학교 교문 안에 들어섰던 그 순간의 기억은 아직도 또렷하게 남아 있다. 2013년 3월 4일, 입학식이 끝나고 본격적으로 교대 생활이 시작되었다. 우려했던 것과는 달리 9살 어린 동기들과 지내는 일은 재미있었다. 나는 그들에게서 젊음의 에너지를 얻으며 나름대로 잘 적응해 나갔다.

교대 수업은 전에 다니던 일반 대학과는 아주 달랐다. 우선 예체능을 해야 했고, 1학점짜리 과목임에도 수업 시간이 2시간씩 되는 경우가 많았다. 이수해야 할 과목 수가 많다 보니 한 학기에 10~11과목씩 들어야 했다. 그래서 중간·기말고사를 치를 때 정말 애먹었다.

임용 준비를 위해서인지 4학년 수업 시수가 적어 1~3학년까지는 수업을 몰아치듯 들어야 했다. 1학년 때는 예체능 수업이 많았는데 체육이 들은 날은 헉헉대며 수업을 듣느라 정신이 없었다. 음악 수업은 음악관에서, 미술 수업은 미술관에서, 과학 수업은 과학관에서 들어야 했기에 다른 과목의 강의를 듣기 위해서는 각기 다른 건물로 이동해야 했다. 쉬는 시간은 10분, 급하게 이동하느라 종일 바빴다.

게다가 조별 발표 과제는 어찌나 많은지. 오후 5시까지 수업을 듣고 저녁 식사를 해결하고 나면 소화할 틈도 없이 조모임을 위해 다시 학교로 돌아가야 했다. 이전 대학을 다닐 때는 조별 모임에서 존재감 없이 앉아 있다가 욕먹지 않을 정도로만 참여하곤 했었다. 그랬던 내가 조별 과제에 매우 적극적으로 참여하며 즐기기까지 했다. 나 자신도 놀랄 정도였다. 저녁에 시작해서 다음 날까지 고민하고 수정하는 과정이 하나도 고되지 않았다. 만족할만한 결과물이 나올 때까지 컴퓨터를 붙잡고 있느라 눈알이 빠질 정도였지만 정신은 그 어느 때보다도 또렷했다.

　처음 수업 실연 발표를 할 때가 기억난다. 나는 발표하기 며칠 전부터 수업 시나리오를 달달 외웠다. 그리고 미리 강의실을 빌려 진짜 수업을 하듯 목소리의 크기와 빠르기, 동선, 몸짓, 표정 등 완벽하다 느낄 때까지 연습했다. 동기들과 서로의 수업을 평가하며 수정하고 연습하기를 반복했다. 그럼에도 발표가 어찌나 무서웠는지 연습할 때도 안면근육이 자기 멋대로 움직일 정도로 떨림이 통제되지 않았다.

　하지만 마음을 다스리려 노력했다. 포기하고 싶지 않았고, 기왕이면 잘 해내기를 바랐다. 성공적인 수업 실연 장면을 머릿속으로 계속 그리며 연습하고 또 연습했다. 다행히 연습한 만큼 결과는 만족스러웠다. 수업 지도안도, 수업 내용도 좋다는 평가를 받았다. 타인의 인정을 받는 건 생각보다 훨씬 황홀한 일이었다. 무엇보다 가장 기뻤던 건 나에게도 자신감이라는 게 생긴 것이었다.

　나는 발표를 더 잘하기 위해 PPT 관련 책과 발표 기술에 관한 책들을 찾아 읽기 시작했다. 그리고 수업을 잘하는 교사가 되고 싶었기에 수업 아이디어를 얻을 수 있는 책들도 찾아 읽었다. 신기하게도 책을 읽을 때마다 새로운 아이디어가 마구 쏟아져 나왔다. 떠오른 아이디어들은 메모해두고 기회가 생길 때마다 적용했다. 그 과정에서 좋은 수업과 교육에 대한 나름의 철학도 생겼다. 나는 이렇게 노력하여 엄청난 체력과 창의력·공부력으로 무장한 9살 어린 동기들에게 뒤처지지 않고 과제와 시험 등을 잘 해낼 수 있었다. 그 결과 장학금도 받았다.

하루하루가 새로운 걸 배우고 적용하는 나날이었다. 나는 그 시간이 기적처럼 느껴졌다. 불과 1년 전만 해도 퇴보하는 삶을 살았는데 이제는 매일 배우는 삶을 살고 있다니, 그것도 아주 즐겁게 말이다. 나의 이런 행복이 얼굴에도 드러났는지 부모님은 내가 이렇게 행복해하는 걸 난생처음 본다며 놀라워했다. 그러면서 사람은 정말 자기가 하고 싶은 걸 하면서 살아야 한다는 것을 배우게 되었다고 했다.

나는 교대에 다니며 몇 가지를 도전했다. 그중 가장 기억에 남는 건 교내 신문사에서 주최한 글쓰기 공모전에 도전한 일이다. 『캠퍼스 라이프 특강』이라는 책을 읽고 이것저것 도전해보고 싶던 차였다. 기숙사 들어가는 길에 눈에 띈 교내 신문을 읽다 보니 글쓰기 공모전을 한다는 게 아닌가. 그동안 교내 신문을 잘 읽지 않았는데, 그날따라 눈에 띈 걸 보면 '나에게 어떤 기회를 주기 위함인가?' 하는 생각이 들었다. 흥분된 가슴을 진정시키며 기숙사 방으로 들어가서 공모전 내용을 꼼꼼히 읽어보았다. 시나 소설, 문학평론을 써서 응모하면 되었다. 나는 평소 책을 읽은 후 서평을 쓰고 있으니 문학평론을 써내면 되겠다고 생각했다. 제출 기한이 얼마 남지 않았지만 도전해보기로 했다.

그동안 읽은 책을 쭉 훑어보다가 강태식 작가의 『굿바이 동물원』을 가지고 평론을 쓰기로 했다. 학교 도서관에서 다른 사람이 쓴 평론집 몇 권을 읽고, 참고 서적과 논문도 찾아 읽어가며 글을 썼다. 학교 다니며 과제 하기도 바빴지만 틈틈이 써 내려갔다. 그러기를 꼬박 일주일이 걸려 '인간다움 부재(不在)에 대한 고발'이라는 제목을 달고 A4 4페이지 분량의 글을 완성했다. 나의 노력으로 완성된 하나의 글을 보니 뿌듯했다. 결과적으로 나는 그 글로 2등을 하게 되었고, 학교 신문에 내 글이 소개되었다. 나에게도 도전할 용기가 있다는 걸 확인한 것만으로도 나는 감사했다.

에릭 시노웨이와 메릴 미도우 작가는 『하워드의 선물』에서 세상은 구석구석에 전환점이라는 의미 있는 지표들을 숨겨놓았다고 했다. 이를 발견하는 것은 오롯이 나의 몫일 터이다. 나는 다니던 대학에서 제적당하고, 피시방을 전전했으며, 미래를 생각하지 않고 살았다. 그랬던 내가 교대에 합격해 배움의 즐거움을 느끼고, 꿈을 꾸며, 사람들과 어울려 새로운 도전을 해나가다니. 나는 다행히도 숨어있던 전환점을 만날 수 있었고, 그 결과 현재의 내가 되었다.

성공의 경험은 내가 할 수 있는 일의 범위를 무한대로 넓혀주었다. 이전에는 교사가 되고자 하는 꿈이 전부였다. 하지만 나는 교대에 다니며 여러 경험을 했고, 매 순간 전환점을 발견하며 꿈의 목록을 늘려갔다. 열려 있는 내 미래가 기대되는 건 이 꿈의 목록 덕분이다. 나는 앞으로 또 어떤 전환점을 만나게 될까?

'아무것도 하지 않으면 아무 일도 일어나지 않는다'라는 말이 있다. 내 삶이 지루하고 재미없다면, 다른 사람의 삶보다 내 삶이 단조롭게 느껴져 불만이라면 일상을 한 번 돌아보기를 바란다. 아무것도 하지 않고 있는 건 아닌지 말이다. 만약 그런 삶을 살고 있다면 그리고 무슨 일이든 벌어지기를 바란다면 책 읽기를, 도전을 주저하지 않기를, 꿈의 목록을 기록해보기를 권하고 싶다.

볼링으로 시작된 인연

사랑은 참 신기하다. 『사랑의 생애』를 쓴 이승우 작가의 말처럼 사랑은 사랑하는 자가 그것을 속수무책으로 겪게 만든다. 내가 의도하지 않아도 사랑은 덮쳐온다. 나의 사랑도 그렇게 천천히 하지만 순식간에 찾아왔다.

사랑을 다룬 현대소설 중 가장 기억에 남는 연애소설은 이도우 작가의 『사서함 110호의 우편물』이다. 이 작품을 독서실에서 눈물 줄줄 흘리며 읽었던 기억이 난다. 남들의 사랑 이야기는 어찌나 재미있던지. 해피엔딩으로 끝나면 덩달아 행복했고, 비극으로 끝나면 가슴이 미어지는 듯했다. 소설 읽기의 묘미는 간접경험이 아니던가. 책을 덮고 나서도 한동안은 격정적인 감정에 지배당하곤 했다. 현실로 돌아와 작품을 곱씹을 때면 '이런 게 삶이구나' 하는 생각이 들었다.

나는 현대소설뿐만 아니라 고전소설까지도 금세 섭렵했다. 『오만과 편견』이 그 시작이었다. 특히나 제인 오스틴과 샬럿 브론테의 소설을 좋아한다. 『오만과 편견』은 모든 장면을 순차적으로 떠올릴 수 있을 만큼 많이 읽었고, 그 외의 『노생거 수도원』, 『엠마』, 『맨스필드 파크』, 『이성과 감성』, 『설득』도 세 번 이상씩 읽었다. 샬럿 브론테의 『제인 에어』를 읽고 나서는 그녀의 나머지 작품인 『빌레트』, 『교수』도 찾아 읽었다. 『브람스를 좋아하세요...』, 『안나 카레니나』, 『기쁨의 집』, 『순수의 시대』, 『첫사랑』 등 사랑의 감정을 다룬 작품은 수도 없이 많았다.

책으로 접한 사랑은 흥미진진했다. 그런데 현실에서의 사랑은 즐거운 일만은 아니었다. 연속된 을로서의 연애로 지치고 상처 입은 나는 연애 따윈 다시 하지 않으리라 생각했다. 그랬던 내가 그를 사랑하게 된 건 예상 밖의 일이었다.

지금의 남편을 처음 만난 건 2015년 12월 30일 늦은 밤, 볼링장에서였다. 그날 나는 볼링 동호회 모임에 처음 참석했다. 낯선 사람들이 가득한 공간 속, 나는 무리 지은 사람들과 조금 떨어진 곳에 우두커니 서서 두리번거리고 있었다. 그때 한 남자(이하 K)가 나를 발견하고는 다가왔다.

"혹시 동호회 참석하러 오셨어요?"

나는 나를 발견해준 것이 반가워 재빨리 그렇다고 대답했다. K의 도움으로 모임에 합류하게 된 나는 사람들에게 이런저런 질문을 받으며 무리 속에 천천히 젖어 들어갔다. K와 대화를 나누다 교대생이라는 이야기까지 하게 되었다. 바로 그때 또 다른 남자(이하 L)가 나에게 불쑥 말을 걸어왔다.

"교대생이세요?"

"아, 네."

L은 신기하다는 눈빛 반, 대단하다는 눈빛 반을 내게 비추었다. 하지만 특별히 더 질문하거나 대화를 이어가지는 않았다. 나는 다시 K와 대화를 나눴고, 자연스레 그에게 볼링공을 잡는 법부터 배우기 시작했다. 그날 이후 모임이 있을 때마다 K는 나에게 볼링 치는 법을 알려주었다.

볼링은 처음 가르쳐 준 사람에게 쭉 배워야 좋다는 얘기를 들었다. 사람마다 볼링 치는 스타일이 달라서 여러 사람에게 배우면 오히려 헷갈린다는 게 그 이유였다. 그래서 나는 K와 계속 같이 볼링을 치게 되었다. K는 처음부터 나에게 관심이 있던 모양이었다. 점점 주변 사람들이 나와 K가 잘될 수 있도록 밀어주는 게 느껴졌다. 나는 당혹스러웠지만 동호회 활동이 꽤 재미있었기에 꾸준히 모임에 나갔다.

그러던 어느 날, K가 빠진 모임에 참석하게 되었다. 나는 괜스레 낯설어 적응하지 못하고 있었는데, 그런 내 모습을 알아챈 건지 L이 나에게 말을 걸어왔다. 동글동글한 얼굴에 선한 표정으로 '나 좋은 사람이에요'를 온몸으로 내뿜던 남자였다. 이번에는 L이 내 볼링 자세를 봐주었다. L은 인상만큼이나 편안하게 나를 대해주었다. 문득 그가 평소에 다른 회원들에게 장난을 잘 치던 게 생각났다. 그런데 아직 가까운 사이가 아니라 그랬는지 나에게는 전혀 그런 모습을 보이지 않았다. 이상하게도 나는 그런 그가 괜히 신경 쓰였다. 그날 이후로 L은 틈만 나면 내 자세를 봐주었고, 그렇게 조금씩 가까워졌다.

시간이 흐르고, 어느새 나는 두 남자에게 관심을 받고 있었다. 하지만 나는 4학년을 마치고 인천으로 돌아가 임용시험을 볼 예정이었기에 여기 진주에서 연애할 생각이 없었다. 그런 내 마음도 모른 채 두 남자는 점점 노골적으로 대시하기 시작했다. 한 사람은 보다 적극적으로, 한 남자는 다소 느긋하게.

그러기를 석 달이 지났다. 2016년 4월 4일, 나는 용기를 내 한 남자에게 고백했다. 절대 이렇게 되기를 바라지 않았던 나였지만 그 남자를 놓칠 수가 없었다. 다행히도 그 남자는 재빨리 내 손을 잡아 주었다. 절대 연애하지 않겠다던 나는 결심을 깨고 L과 연애를 시작했다.

나는 그와 연애를 하면서 내 판단이 옳았음을 매 순간 확인할 수 있었다. 그는 내가 생각했던 것보다 더 근사한 사람이었다. 긍정적이고 사랑이 넘치는 사람, 내가 우울의 동굴에 들어갈 때마다 밝은 곳으로 끌어내 주는 사람이다. 그는 내가 사랑스러운 사람이라는 걸 매번 상기시켜줬다. 살을 빼지 않아도, 맨얼굴로 만나도 항상 예쁘다며 사랑한다고 말해주었다. 나는 그런 그의 곁에서 처음으로 꾸미지 않은 안정감을 느꼈다. 내가 무슨 일을 해도 내 편이 되어줄 사람이라는 걸 느낄 수 있었다.

그해 10월, 나는 임용 지원서를 인천이 아닌 경남에서 접수했다. 이는 결혼을 염두에 둔 것이었다. 경남에서 시험을 치르기로 결정하고 나니 모든 일이 일사천리로 진행되었다.

우리는 당장 집부터 알아보기 시작했다. 임용시험을 끝내고는 결혼식장을 알아보고 혼수품들을 장만했다. 남들은 싸우면서 한다던 결혼 준비를 우리는 서로 감정 상하는 일 하나 없이 끝냈다. 내가 어디에 있든 결국 만났을 거라던 그의 말처럼 나는 그와 연결되어 있음을 매일, 조금씩 더 자주 느꼈다.

2017년 6월 3일, 우리는 진주에 있는 한 예식장에서 결혼식을 올렸다. 내가 절대 남지 않겠다고 했던 진주에서 터전을 잡았다. 나의 의도와는 다르게 상황이 흘러갔지만, 그와 함께할 수 있어 행복했다.

나는 그를 만나 비로소 사랑받는다는 것이 무엇인지 알게 되었다. 그리고 사랑을 표현하는 법을 배웠다. 이는 이 세상 그 어느 것보다도 가치 있는 일이다. 인생에서 사랑을 빼면 무엇이 남겠는가. 오늘도 그와 함께여서 나는 행복하다. 우리의 아이, 우리에게 찾아와 준 인연에 더더욱 기쁘고 감사하다. 나는 이렇게 앞으로도 사랑으로 충만한 삶을 살 것이다.

교단 앞에만 서면 두근두근

나는 2017년에 졸업과 동시에 임용시험에 합격했다. 그리고 나에게 1년의 시간이 주어졌다. 임용 대기자가 밀려 있어 내 순번으로는 1년은 기다려야 발령받을 수 있겠다는 계산이 나왔다. 나와 같은 처지에 있는 동기들은 두 길을 두고 고민하고 있었다. 여행을 다니거나, 아니면 1년간 기간제 교사 생활을 하며 경험을 쌓는 것이다. 물론 나는 일말의 고민도 없이 후자를 선택했다. 하루라도 빨리 사회 경험을 시작하고 싶기도 했고, 경제력을 갖추는 게 시급하다고 생각했기 때문이다. 무엇보다 나는 학급 경영을 빨리해보고 싶었다. 교생

실습 때 살짝 맛보기만 하며 내 머릿속에 온갖 계획을 펼쳐 놓은 터였다. 나는 그 계획들을 하루라도 빨리 실현해보고 싶었다.

2월에 합격 소식을 알게 되자마자 열심히 구인 공고를 확인하며 문을 두드렸다. 그 결과로 진주 지역 내에 있는 한 초등학교에서 근무하게 되었다. 3월 개학까지 얼마 남지 않아 마음이 조급해졌다. 학교에서 미리 받아온 교과서와 지도서를 훑어보고 현직 교사들의 블로그를 보며 나름대로 준비를 했다. 나는 텅 빈 교실에서 시작하고 싶지 않아 사비를 들여 환경 미화 준비도 며칠에 걸쳐서 했다. 비용을 아끼려고 수작업으로 하는 바람에 그 당시 예비 신랑과 예비 시아버지의 손까지 빌려 가며 준비했다.

모든 준비를 마치고 출근하기 전날 밤, 나는 심장이 너무 두근거려 잠을 잘 수가 없었다. 9살 꼬맹이들과 어떻게 지내게 될지 온갖 상념에 빠져 있느라 고요한 새벽 시간은 빠르게 흘러갔다. 결국 긴장 반, 설렘 반으로 꼬박 밤을 새웠다.

나는 한잠도 자지 못했지만 피곤한 줄 모르고 학교로 향했다. 2학년 3반, 내가 맡은 반은 복도 제일 끝에 자리 잡고 있었다. 1반과 2반을 지나치며 교실을 힐끗 보니 부지런한 몇 몇 아이들이 벌써 자리에 앉아 있었다. 아이들을 보니 가슴이 다시 뛰기 시작했다. 창문 너머로 교실 안을 보는데 우리 반에는 아직 아무도 없었다. 교실에 들어가 나의 책상에 짐을 풀고 한동안 멍하니 앉아 있었다. 이게 현실인가 싶었다.

'누가 먼저 올까?', '오면 뭐라고 인사를 건넬까?'를 생각하며 우리 반 학생 명단을 다시 보았다. 최대한 빨리 이름을 외우고 싶어 이미 몇 번이나 훑어본 차였다. 나는 명단에 적힌 이름들을 하나하나 되짚어가며 아이들이 오기를 기다렸다. 통통한 볼살과 수줍은 미소가 귀여운 여자아이를 필두로 하여 아이들이 속속 교실 안으로 들어왔다. 나는 아이들에게 일일이 미소를 지어 보였다. 8시 30분이 되자 자리가 꽉 찼다. 4월에 전학 온 아이 1명이 더해져 27명의 아이와 그해 여름까지 함께 지냈다.

설렘은 잠시였고 몰아치는 학교 일정에 곧 정신없이 바빠졌다. 하지만 교실 밖을 나설 때면 나와 함께 가겠다고 줄줄이 내 손을 부여잡던 아이들 덕분에 행복했다. 사랑한다는 고백을 가득 담은 아이들의 편지에 기뻤다. 그런 아이들의 모습이 사랑스러워 카메라에 담기도 했다. '내일 수업은 어떻게 해야 재미있을까?'를 고민하며 수업을 준비했고, 즐거워하는 아이들을 보며 나도 같이 즐거워했다. 그렇게 한 학기를 보냈다. 짧다면 짧은 한 학기를 보내고 계약만료로 그만두게 되면서 내 자리는 정식 발령받은 다른 선생님이 채우게 되었다. 그 선생님에게 인수인계하며 교실을 나서던 그 날, 기분이 참 이상했다. 아이들이 금세 나를 잊지 않길 바랐다.

여름방학이 끝나갈 무렵, 나는 간신히 다른 학교의 기간제 교사 자리를 구했다. 진주 외곽지역에 있는 총학생 수가 100명 남짓의 작은 학교였다. 나는 그 학교에서 3·4학년 아이들에게는 과학을, 5·6학년 아이들에게는 음악과 과학을 가르치게 되었다.

첫 출근하기 전날 밤, 나는 또 잠을 이루지 못했다. 어떤 아이들을 만나게 될지, 학교생활은 어떨지 상상하느라 밤을 꼴딱 새웠다. 첫날은 3·4학년 아이들을 만났고, 둘째 날은 5·6학년 아이들을 만났다. 덕분에 나는 이틀 밤을 잠도 제대로 자지 못했지만 학교에 있을 때만큼은 피곤한 줄을 몰랐다. 학교가 작다 보니 곧 전교생과 인사하며 지내게 되었다. 아이들은 나를 '과학 선생님'이라고 불렀다. 학교 분위기는 이전 학교보다 서로 더 친밀하게 느껴졌다. 그래서인지 나는 학교와 아이들에게 흠뻑 빠져들었다.

적은 예산 문제로 과학실의 실험 도구는 오래되어 쓸 수 없는 것이 많았다. 게다가 필요한 실험 도구가 아예 없기도 했다. 나는 아이들이 최대한 실험을 많이 해볼 수 있도록 지원해주고 싶어서 사비를 털어 실험 준비물을 채워 넣기 시작했다. 물론 금전적으로 부담이 되기도 했지만 아이들의 호기심 어린 눈빛을 보면 기분이 좋았다. 아이들은 과학 시간을 재미있어 했고, 덕분에 나 또한 수업 시간이 즐거웠다.

행복한 시간은 정말 빨리 흘러간다. 아이들과 또 헤어져야 할 시간이 다가왔다. 이번에는 더 많은 아이와 헤어져야 해서 마음이 힘들었다. 가지 말라고 말하는 아이들을 보며 눈물을 삼켜야 했다.

'이런 헤어짐을 매년 해야 하다니….'

교사가 되기 전에는 생각해보지 못한 일이었다. 추운 겨울도 녹일 만큼 밝고 사랑스럽던 아이들에 대한 마음이 여전한 가운데, 나는 2018년 2월 14일 거제도의 한 초등학교에 정식 발령을 받게 되었다.

이전보다 긴 호흡으로 아이들과 교육 현장에 있게 되자 공부가 더 필요하다는 생각이 들었다. 그래서 도움이 될 만한 책들을 찾아 읽기 시작했다. 여느 때처럼 나는 책 속에서

빛나는 생각들을 발견할 수 있었다. 그 중『자존감, 효능감을 만드는 버츄프로젝트 수업』,『슬로 리딩 : 생각을 키우는 힘』,『하브루타 부모 수업』,『생각하는 인문학』은 나의 학급경영과 수업에 많은 영향을 미쳤다. 그리고 더 명확해진 꿈의 목록과 목표도 얻게 되었다.

2018년도는 나에게 어느 때보다도 더 많이 배우고 깨닫게 된 한 해가 되었다. 편도 1시간 20분 거리를 출퇴근하며 지칠 법도 했다. 하지만 책임감, 일에 대한 자부심, 배움에 대한 열정은 모두가 만류했음에도 임신 9개월까지 하루도 빠지지 않고 학교에 나가게 했다. 나는 아주 작은 것이라도 아이들이 얻어가는 게 있기를 바라며 교단에 섰다.

물론 좋은 일만 있었던 건 아니다. 아쉬운 부분도 많다. 나는 28명의 아이들과 복작대며 마음의 여유를 잃고 아이들에게 상처를 주기도 했다. 아이들에게 알려주고 싶은 건 많은데 시간은 턱없이 짧게 느껴졌다. 조급한 마음에 아이들을 다그쳤고, 언성을 높이는 일도 더러 있었다. 아이들의 마음을 돌봐주는 교사가 되리라 결심하고 교단에 섰건만 내 감정에 못 이겨 얼굴 붉히는 일들이 생겼다. 내가 정답이라고 생각했던 것들이 아이들과 함께하며 무너지는 걸 느끼기도 했다. 그럴 때면 불쑥 회의감이 들었다. 생각했던 것보다 교육이라는 이름의 무게는 더 무거웠다. 그 무게가 가까이 와 닿자 어느 순간 자신감을 잃고 움츠러든 내 모습이 보였다. 그래서 괴로웠다.

그러나 나는 뒤로 물러서지 않았다. 대신 공부를 시작했다. 아이들을 키우기 위해서는 나의 성장이 전제되어야 함을 깨달았기 때문이다. 나에게 도움이 될 만한 강의를 찾아 수강했고, 더 다양한 분야의 책을 읽었다. 배움에 돈을 아끼지 않았다. 그리고 나 자신에게 어떤 삶을 살 것인지 질문했다. 그렇게 내가 일하고 공부하는 이유를 구체화했다. 이전보다 한층 더 깊어진 공부를 하면서 나는 아이들과 함께할 수 있는 내 일이 더 소중하게 느껴졌다. 밥을 먹으면서도, 샤워를 하면서도, 운전을 하면서도 나는 교육을 생각했다. 생각의 크기가 확장되는 만큼 꿈의 크기도 점점 커졌다.

나는 처음 교단 앞에 서면서 드디어 내 꿈을 이루었다고 생각했지만 그건 끝이 아니라 시작이었다. 나를 성장시키고, 꿈의 날개를 달아주는 교단 앞에 서면서 나는 다른 차원의 두근거림을 느끼기 시작했다. 내 앞에 펼쳐질 꿈과 더욱 여물어 갈 내 안의 가능성을 그리며, 동행해줄 사람들을 기대하며 가벼운 떨림을 느꼈다.

　장 폴 사르트르는 '인간은 가지고 있는 것뿐만 아니라 아직 가지지 못한 것, 혹은 앞으로 가질지도 모르는 것의 총화'라고 했다. 내가 지금 가지고 있는 것이 나의 전부라고 생각해서는 안 된다. 나의 과거, 현재와 더불어 아직 마주치지 않은 미래까지 전부 '나'가 된다는 사실을 기억해야 한다. 그러면 우리는 되는대로 사는 게 아닌, 순간순간을 충실히 살아낼 수 있게 된다. 두려움보다 설렘을 가지고 하루하루를 살아보자. 아직 우리의 삶이 끝나지 않았음을 잊지 않길 바란다.

나는 엄마처럼 키우지 않을 거야

2018년 7월 7일, 나는 남편에게 생일 선물로 임신 테스트기를 내밀었다. 아직 잠에서 덜 깬 남편은 한동안 멍하니 그것을 바라보았다. 얼떨떨한 듯했다. 그건 나도 마찬가지였다. 우리는 아이가 이렇게 빨리 찾아와 줄지는 미처 몰랐다. 1년 전까지만 해도 아이를 가져야 하는지를 고민했다. 나는 남편에게 아이가 꼭 있어야 하는지 물었고, 남편은 가장 중요한 건 부부라며 나의 선택에 맡기겠다고 했다. 그 이야기를 들으니 묘하게 안심이 되었다. 하지만 한편으로는 더 고민이 깊어지기도 했다. 아이는 가족에게 큰 비중을 차지하는 존재인데 중요한 결정이 내 손에 달려있다고 생각하니 신중해졌다. 내 입장을 분명히 정할 필요가 있었다.

항상 엄마에게 "나는 엄마처럼 키우지 않을 거야"라고 말해왔다. 하지만 교사가 된 나는 아이들에 대한 책임의 무게를 한껏 느낀 터였다. 나 아닌 다른, 그것도 나의 보살핌을 필요로 하는 아이를 키우는 일이 그와 같은 말을 쉽게 내뱉을 수 없는 일임을 알게 되어 착잡했다. "딸은 엄마 팔자를 닮는다"라는 주위의 말과 "너도 네 자식 낳고 키워봐라. 내 마음 알게 될 거다"라고 했던 엄마의 말도 떠올랐다. 그러자 아이 갖는 일에 점점 자신이 없어졌다. '그냥 우리 부부끼리 행복하게 살까?' 하는 생각이 들다가도 '그래도 나 닮은, 아니 무엇보다 남편을 닮은 아이가 있으면 좋겠어'라는 생각이 들었다.

상반된 생각들로 마음 어지러이 지내다 보니 반년이 흘렀다. 새해가 시작되고 나이를 한 살 더 먹으니 이제 내 나이도 어느새 30대 중반이었다. 남편과 내가 30대 후반을 향해가고 있는 올해야말로 아이를 가질 것인지, 말 것인지를 결정해야 한다는 생각이 들었다. 우리 부부는 몇 번의 대화를 거쳤고, 우리를 닮은 아이가 있으면 좋겠다는 생각에 합의를 보았다. 그렇게 결정을 내리고 피임약을 끊은 지 한 달도 되지 않아 아이는 우리에게 와주었다.

기쁨도 잠시였다. 나는 거제도로 첫 발령을 받아 진주에서 거제까지 매일 왕복 2시간 40분 거리를 운전하며 다니고 있었다. 아이를 갖고 나서는 매일 졸음과 싸우며 운전을 해야 했다. 수시로 불안감은 찾아왔고, 배가 조금이라도 아프면 온갖 걱정이 들어 학교 일에 집중할 수가 없었다. 체력이 떨어지면서 서 있기도, 앉아 있기도 점점 힘들어졌다. 게다가 입덧으로 급식 먹기가 곤혹스러웠다. 몸 상태가 좋지 않으니 한 번씩 아이들에게 버럭 화를 내기도 했다. 그러고 나면 죄책감에 마음이 힘들어 아무것도 머릿속에 들어오지 않았다. 열정을 갖고 임했던 수업 프로젝트나 학교 수업 연구 동아리에 대한 관심도 점점 시들어갔다.

'내가 원한 건 이런 게 아닌데…'

나는 무기력해졌고 우울했다. 다행히 더 나빠지기 전에 여름방학이 시작되었다. 5주간의 여름방학 동안 나는 집에서 거의 나가지도 않고 입덧과 씨름을 하며 지냈다. 빈속에도 울렁거리고 뭘 먹어도 울렁거리니 사람이 사는 것 같지 않았다. 매일 술병 난 사람처럼 늘어져서는 눈만 껌벅이며 시간을 보냈다. 그러기를 4주, 벌써 개학이 코앞이었다. 정신이 번쩍 들었다.

'시간을 이렇게 허비하고 있었다니!'

이제 자리를 털고 일어나야겠다는 생각이 들었다. 아이를 잘 키워보고 싶다던 사람이 이렇게 무기력하고 우울해서야 되겠는가. 아이에게 사랑을 많이 주며 키워야겠다고 싶다고 생각 했지만 구체적으로 어떻게 할 것인지는 생각해보지 못했다. 그래서 우선 책부터 구입했다. 『진짜 엄마 준비』를 시작으로 『정서적 흙수저와 정서적 금수저』, 『부모라면 유대인처럼 하브루타로 교육하라』, 『배려깊은 사랑이 행복한 영재를 만든다』, 『내 아이를 위한 인문학 교육법』, 『내 아이를 위한 칼 비테 교육법』, 『엄마 무릎 학교』, 『엄마학교, 현명한 부모는 아이를 느리게 키운다』, 『사랑하는 아이에게 화를 내지 않으려면』, 『푸름이 이렇게 영재로 키웠다』, 『괜찮아, 엄마는 널 믿어』 등 온갖 육아서를 닥치는 대로 읽었다.

'어떻게 하면 정서적으로 안정된 성인으로 자라게 할 수 있을까?'를 고민하며 책을 읽었다. 내 아이는 나처럼 불안정하게 크지 않기를 바랐다. 사랑을 충분히 느끼고, 그 사랑을 나눌 줄 아는 사람으로 크기를 원했다. 무엇보다 자신을 진정으로 사랑하는 사람이 되기를 바랐다. 그것이 세상을 건

강하게 살아가는 힘을 주고, 온갖 걸림돌에도 자신을 잃지 않고 살아갈 수 있게 해주기 때문이다. 나는 그렇게 사는 삶이 행복에 이르는 길이라고 믿는다.

이 세상 어느 부모가 자신의 아이가 행복하지 않기를 바라겠는가. 하지만 안타깝게도 많은 부모가 본질을 놓치고 있다는 생각이 들었다. 높은 성적, 좋은 직업, 경제적인 부유함 등의 것보다 더 우선되어야 하는 건 '자신을 스스로 사랑하는 힘'이다. 나는 그 방법을 배우지 못하고 자랐기에 공부를 해야 한다고 생각했다. 그래서 열심히 책을 읽었다. 책을 읽고 생각하면 할수록 행복한 아이로 키우는 방법은 단 한 가지로 귀결되었다. 바로 엄마인 내가 잘사는 것이다.

박노해의 시 〈부모로서 해줄 단 세 가지〉에서는 내 아이를 위해서 내가 해야 할 유일한 것은 내가 먼저 잘 사는 것, 내 삶을 똑바로 사는 것이라고 말한다. 좋은 부모가 되고자 안달하기보다 아이에게 좋은 벗이자, 닮고 싶은 인생의 선배가 되어야 한다고 말이다. 그리고 내가 후진 존재가 되지 않도록 배워야 한다고 했다.

나는 그의 시를 읽고 다짐했다. 내 삶을 제대로 살아서 나를 무한한 믿음의 눈으로 바라볼 아이에게 좋은 인생의 선배가 되겠다고, 행여나 나처럼 살까 봐 두려워 아이를 다그치고 엄격하게 대하지 않겠다고, 절대로 자기 자신을 한없이 초라한 존재로 보지 않게 하겠노라고, 특별하고 사랑스러운 존재로서 이 멋진 세상을 한없이 누리며 살 수 있도록 내가 먼저 그렇게 살겠다고.

그래서 나는 더 열심히 공부하기 시작했다. 목표는 '나의 성장'이었다. 매일 새벽에 일어나 독서하고 사색하며 글을 썼다. 그렇게 1~2시간을 보내고 학교로 출근했다. 바인더로 일정을 관리하며 시간을 허투루 쓰지 않으려고 노력했다. 학교에서도 틈이 나는 대로 독서를 했고, 경제 신문을 읽으며 경제와도 가까워지려 노력했다. 확실히 홀몸이 아닌지라 피곤하긴 했지만 몸에 무리가 되지 않는 선에서 자기계발을 멈추지 않았다.

남편은 너무 무리하는 것 아니냐며 걱정했다. 그러나 나는 그 어느 때보다도 내가 살아있다는 느낌을 받았다. 나를 키워가는 시간이 너무 소중하고 행복했다. 가끔은 나도 스스로에게 너무 무리하는 것 아니냐고, 왜 이렇게까지 열심히 하느냐고, 혹시 내가 그토록 닮고 싶지 않았던 육아 방식대로 아이를 키우게 될까 봐 두렵기 때문이냐고 물었다. 나는 절대로 엄마처럼 나의 아이를 때릴 수 있는 사람이 아니라는 걸 알고 있다. 하지만 간혹 알 수 없는 두려움이 들곤 했다. 그것은 딸은 그토록 닮기 싫었던 엄마의 모습을 따라간다는 말이 목 안의 가시처럼 까끌까끌하게 남아 있기 때문이었다.

나는 그런 두려움을 극복하기로 했다. 꼭 부모 삶의 방식대로 자식이 사는 건 아니라는 걸 믿기 시작했다. 그리고 나의 내면 아이를 들여다보고 치유하며 과거의 나와 진정으로 화해하고자 할 때마다 내 삶이 바로 서리라는 것을 깨달았다. 내 아이는 집과 가족을 떠올리는 것만으로도 포근함을 느끼기를 바란다. 신나게 세상을 활보하다 지쳤을 때 거리낌 없이 달려와 푹 안길 수 있는 곳, 내가 그토록 바랐던 그 이상과도 같은 집을 내 아이는 현실로 느끼며 살아갔으면 한다. 그러기 위해 나는 오늘도 공부한다. 아이의 맑은 눈동자를 통해 멋진 삶을 사는 나를 보면서 말이다.

그래도 가족이니까

대체 가족이란 무엇이기에 남보다 더 못한 존재처럼 느껴지다가도 금세 또 애틋해지는 걸까. 가족이라는 이름이 가진 힘은 정말 대단하다. 사전적 의미의 가족은 '주로 부부를 중심으로 한집안을 이루는 사람들'이다. 그러나 단순하게 정의하기에는 뭔가 부족하다. 가족과 보내는 시간, 감정, 추억, 다툼, 기대 등 함께 공유하는 게 너무 많은 탓이다.

그래서인지 가족은 물리적·심리적으로 거리가 멀어진다고 해서 쉬이 끊어지는 관계가 아니다. 서로 상처받고 얼굴을 보지 않아도 마음 한구석에 남아 있는 앙금처럼 가라앉아 있는 것이다. 문득 '엄마', '아빠', '가족'이라는 단어를 떠올리는 것만으로도 가라앉아 있던 앙금이 떠올라 금세 마음을 어지럽게 한다.

언젠가 나는 아예 내 마음이 사라졌으면 하고 바랐다. 그럴 수만 있다면 가족과 끊어져도 괜찮을 테니까. 내가 기대하고 바랐던 가족의 모습이 아니라는 생각에 너무 괴로웠기 때문이다. 우리는 서로 말을 하지 않아도 이해해주길 바랐고, 그래서 더 이해하지 못했으며, 기대에 어긋난 언행은 고스란히 아픔으로 남았다. 남들에게는 쉽게 내보일 수 있는 속마음을 오히려 가족에게는 보이기 힘들었다.

'우리 가족만 이런 것일까? 다들 비슷한 환경인데 유독 나만 예민하게 반응하는 걸까? 나는 왜 내가 피해자처럼 느껴지는 걸까? 우리 부모님은 나에게 왜 이러는 걸까? 왜 우리는 이렇게 상처를 주고받을 수밖에 없을까?'

원망과 의문은 계속 머릿속을 떠도는데 나를 이해시킬 방법을 찾을 수 없어 답답했다. 부모님에게 "미안하다"라는 사과는 진즉에 들었지만 이것으로도 풀리지 않는 내가 너무 답답했다. 그러다 만난 책 한 권이 내 마음을 조금은 씻어주었다. 최광현 작가는『가족의 두 얼굴』에서 문화 연구가인 르

네 지라르의 '희생양 메커니즘'과 독일 하이델베르크 대학교 수인 스티얼린의 '위임' 개념을 통해 부모와 자녀 사이에도 착취 관계가 있음을 언급했다. 가족 희생양은 가족 구성원 중 가정의 평화와 안정을 유지하는 역할을 떠맡은 자로, 대체로 부부 갈등의 회피 수단으로 만들어진다고 한다. 가족 희생양의 역할은 부모의 부모 역할, 어머니 혹은 아버지의 친구, 완벽한 아이, 어머니와 아버지에게 용기를 주는 아이, 어머니의 배우자, 아버지의 배우자, 영웅, 문제아 등 다양하다.

문제는 영웅의 역할을 수행하는 자녀는 부모를 대신해서 부모의 오랜 바람을 풀어주는 역할을 하게 된다는 것이다. 그건 자녀의 과제이고 사명이다. 이 사명을 완수하지 못했을 때 자녀는 죄책감에 시달리게 된다. 그러므로 자녀는 이 사명을 완수하기 위해 자신의 욕구는 숨긴 채 결핍 상태로 성장한다. 이것이 부모와 자녀 사이의 착취 관계라고 설명했다. 나는 많은 가정에서 이런 관계가 형성되어 있을 거라는 생각이 든다. 부모가 자신이 바라던 목표를 이루지 못해 자녀에게 위임하고, 자녀는 그 사명을 떠안고 사는 것이다. 나 또한 그런 기대에서 벗어나지 못한 채 살았다.

공부에 한이 맺혀있던 엄마는 이를 큰딸인 내가 풀어주기를 바랐다. 나는 '좋은 성적'이라는 사명을 완수하기 위해 그야말로 아등바등했다. 좋은 성적을 받아도 기쁜 줄 몰랐다. 나에겐 앞으로도 해내야 할 과제가 너무 많았기 때문이다. 끝이 보이지 않는 시험, 엄마를 행복하게 해줘야 한다는 부담, 맏딸로서 부모의 분쟁을 해결해야 한다는 압박에 내 욕구는 늘 뒷전이었다. 조금은 긴장의 끈을 놓고 싶은 욕구, 사랑받고 싶은 욕구, 보호받고 싶은 욕구, 하고 싶었던 다른 일에 대한 욕구를 누르느라 나중에는 내가 결핍 상태에 있는지조차 알아채지 못했다. 결국 터져버린 분노는 그동안의 욕구를 건강하게 해소하지 못한 결과였다.

엄마는 나중에야 분노를 터뜨리는 나를 이해하지 못했다. 당연한 일이었다. 엄마는 나의 행복을 위해 공부하기를 권했고, 좋은 성적을 유지하도록 없는 살림에 무리해가면서까지 내 뒷바라지를 해주었다. 엄마는 입고 싶은 옷도 사 입지 못하고, 먹고 싶은 음식도 참아가며 내 공부에 투자를 아끼지 않았다. 그렇게 희생하며 키웠는데 적반하장으로 화를 내다니 기가 막힐 노릇이었을 것이다. 엄마와 다툴 때면 엄마는 종종 나에게 이렇게 말하곤 했다.

"내가 널 어떻게 키웠는데. 나한테 어떻게 이럴 수가 있어?"

그런 말을 들을 때면 나는 죄책감이 들기도 했지만 동시에 가슴이 답답해졌다. 엄마가 나를 위해 희생한 것이 많다는 걸 알지만 '그게 나의 탓인가?' 하는 생각이 들었다. 우리 부모님 세대의 엄마, 아빠는 가진 이름의 무게만큼이나 더 희생하며 자식을 키웠다. 하고 싶은 것, 먹고 싶은 것, 시간, 젊음, 취미, 돈 등 자신의 것은 포기하고 자식에게 모두 퍼주었다. 그래서 엄마가 하는 말이 이해가 되기도 했다.

그러나 나도 할 말은 많았다. 그런 희생은 내가 원한 것이 아니었다. 엄마 본인의 욕심을 나에게 투영한 것이 아니냐고, 그것이 진정으로 나를 위한 일이었는지 되묻고 싶었다. 나는 그저 부모님이 나를 온전히 믿어주고 지지해주며 사랑한다고 표현해주길 바랐을 뿐이다.

나는 아이를 낳고 깨달았다. 부모는 자식에게 조건 없는 사랑을 주어야 하고, 자녀는 또 자신의 자녀에게 무조건적인 사랑을 주어야 한다는 것을 말이다. 사랑에 기대나 보상을 바라면 안 된다. 최광현 작가의 말처럼 그것이 '인류의 삶을 면면히 이어지게 하는 기본 원리'이기 때문이다. 아이를 낳으면 엄마와 아빠를 이해할 수 있을 거라던 일말의 기대는 사실 무너졌다. 아이를 낳고 나니 이해할 수 없는 게 더 많아졌다. 그래서 너무 슬펐다. 하지만 나는 미워하고 원망하는 대신 부모님을 한 사람으로서 보기로 했다. 그러자 밉다가도 그리워졌고, 원망스럽다가도 측은해졌다. 한 걸음 떨어져서 보니 사랑을 제대로 표현하지 못한 데에는 부모님이 자라온 환경의 영향도 있으리라는 생각을 하게 되었다. 나에게 했던 그 모든 것이 부모님이 아는 사랑의 방식이었다.

이런 생각은 풀어낼 길이 없던 문제의 해결점을 볼 수 있게 해주었다. 부정하기도 하고, 외면하기도 했지만 나는 알고 있었다. 사실 내가 부모님을 사랑하고 있다는 것을 말이다. 그러니 더 이상 나를 고통에 빠뜨릴 수는 없었다. 이미 지나간 과거는 돌이킬 수 없고, 바꿀 수 있는 건 나의 마음뿐이었다. 나는 내 마음을 먼저 돌보기로 했다. 그리고 부모님을 완전히 이해하게 되길 바라지 않기로 했다.

가족 때문에 괴롭다며 분노로 자신을 잃고 살 필요는 없다. 상대가 해결해주지 않는다고 원망할 필요도 없다. 사실 해결방법은 상대가 아니라 나에게 있다. 나의 내면을 들여다보는 것에서부터 변화는 시작된다. 그러니 나를 사랑하고 내 삶을 돌보자. 그러면 나의 내면에 변화가 일어날 것이고, 이는 곧 가족의 변화가 될 것이다.

chapter

03

책에서 배운 '진짜' 중요한 것들

{ 열정 }

그 대담함을 질투하다

서머싯 몸, 『달과 6펜스』,
민음사, 2000

나에게는 매년 한 번씩은 다시 찾게 되는 작품이 있다. 바로 서머싯 몸의 『달과 6펜스』이다. 현실을 버리고 이상을 좇은 한 화가의 이야기를 담은 작품이다. 나는 처음 이 책을 읽고 서머싯 몸의 (번역된) 모든 책을 찾아 읽었다. 다른 작품들도 기대한 만큼 좋았다. 하지만 이 작품만 몇 번이고 반복해서 읽고 있음을 알아차렸을 때, 나는 그 이유가 궁금해졌다. 가장 최근에 다시 읽으며 그 이유를 알게 되었다. 물론 미치광이 같은 예술가의 생활 모습을 볼 수 있다는 재미도 한몫했다. 그러나 더 근본적인 이유는 바로 나의 꿈과 이상, 열정은 과연 무엇인가를 생각하게 만든다는 것이었다.

'오늘은 반드시 글을 쓰리라!'

아침에 눈 뜨자마자 결심을 했건만 아이가 오늘은 낮잠을 자지 않는다. 책도 읽고 싶고, 글도 쓰고 싶고, 강의도 듣고 싶고, 무엇보다도 순식간에 떠오르는 글감들을 메모하고 싶은데 그런 내 마음도 모르고 아이는 온종일 나에게 매달려 있다. 잠깐 책이라도 읽고 싶어 화장실에 들고 들어갔지만 "엥~"하는 소리에 결국 덮고 말았다.

왜 이런 날이면 글감이 마구 떠오르는 걸까? 종종거리다 황급히 노트와 연필(노트와 연필도 곳곳에 두었다)을 들고 아이 곁에 앉아 써 내려갔다. 하지만 그것도 금방 제지당했다. 아이는 모든 것이 궁금하다. 이미 나의 노트는 여러 번 아이 손에 찢겨나갔고, 연필 끝에 달린 지우개도 반쯤 뜯겨나갔다. 아이는 이번에도 종이와 지우개를 먹을 기세이기에 대강 마무리하고 노트와 연필을 치워두었다.

아이에게 저녁 이유식을 먹이는데, 또 글감이 생각났다. 이번에는 반드시 메모해야 했다. 주변을 둘러보니 스마트폰이 보였다. 나는 종이에 메모하기 어려우면 종종 앱을 사용해 메모한다. 하지만 이번에는 그마저도 사용하기 어려운 상황이었다. 오늘 아이가 낮잠을 안 자서인지 무척 예민했다. 그래도 꼭 메모하겠다는 집념이 기어코 방법을 찾아냈다. 스마트폰의 음성녹음 앱을 사용하여 나는 손으로 쓰는 대신 음성으로 기록을 하고야 말았다. 이쯤 되니 '내가 글쓰기에 꽤 몰입해 있구나' 하는 생각이 들었다.

무엇인가에 열렬히 마음을 쏟을 수 있는 크기는 얼마만큼 커질 수 있는 것일까? 나는 평생 하고 싶은 것들이 몇 가지 있다. 독서와 글쓰기도 그중 하나다. 나는 독서와 글쓰기에 열정을 가지고 다른 어느 것보다 몰입하고 있다. 간혹 그 일을 하면서 스트레스를 받기도 하지만 금세 찾아오는 희열에 비교할 바가 못 된다. 나는 할 수만 있다면 더 오랜 시간 몰입해서 하고 싶다. 그렇지만 현실에서 매일 나에게 주어진 시간은 24시간뿐이고, 책임지고 해야 할 것들이 점점 늘어나고 있다.

나에게 붙은 이름이 늘어나는 만큼 책임져야 할 일도 비례해서 늘어났다. 20살이 되기 전까지는 딸, 언니, 학생, 친구 정도였다. 그러나 지금은 딸이자 결혼한 딸(그냥 딸 역할과 결혼한 딸 역할은 다르다), 언니, 아내, 며느리, 질부, 손부, 숙모, 형님, 동서, 제수씨, 형수님, 선생님, 담임교사, 동료 교사, 친

131

구 등 각각의 이름이 다른 만큼 역할과 책임도 다르다. 정말 내 몸 하나 건사하기 힘들다는 죽는소리가 절로 나온다.

한동안은 이 무게들을 다 짊어지고(물론 모든 역할과 책임에 열과 성을 다하지는 못하고 있지만) 내가 하고 싶은 일들에 얼마나 마음을 쏟을 수 있을까 하는 회의감이 들기도 했다. 남편에게는 미안하지만 결혼한 걸 후회한 적도 있다. 웅크려 있다가 이제 막 날개를 펴고 열정을 쏟아보려는데 날개를 접어야 한다는 생각 때문이었다. 나의 선택이었지만 '이럴 줄은 몰랐다'는 흔하고도 비극적인 말까지 떠올랐다. 다행히 남편은 나의 열정을 지지해주고 내가 하고 싶어 하는 일을 할 수 있게 응원해준다. 내가 책임져야 할 이름들은 때때로 큰 기쁨과 행복을 주기도 한다. 그래서 나는 하고 싶은 일과 해야 할 일들의 사이에서 균형을 찾아가며 살고 있다.

그럼에도 한 번씩은 내가 열정을 가지고 몰입할 수 있는 일로 꽉 채운 하루를 보내고 싶다는 욕망이 떠오를 때가 있다. 어떤 일에 몰입하다가도 중간중간 마주치는 책임으로 제동이 걸릴 때면 더더욱 그렇다. 그럴 때면 이 짐을 벗어버리고 싶다는 생각이 드는데, 그와 동시에 죄책감도 든다. 어쨌든 내가 선택한 것이고, 그 책임을 모른 체하면 안 된다는 생각이 들기 때문이다. 결국 '이런 게 양심이라는 거겠지'라며 잠시 하고 싶은 일을 중단한다.

『달과 6펜스』에서는 화자인 '나'가 양심에 대해 생각하는 장면이 나온다. 그의 말에 따르면 양심이란, 인간 공동체가 자기 보존을 위해 진화시켜 온 규칙을 개인 안에서 지키는 마음속의 파수꾼으로 사회의 이익을 개인의 이익보다 앞에 두게 만드는 것이다. 즉 사회의 일원이 되기로 선택하고 얻은 이름들을 지키기 위해 자신의 이익을 포기하는 거다. 많은 사람이 이처럼 자신의 이익을 포기한 덕분(?)에 공동체는 그럭저럭 잘 굴러가고 있다. 같이 어울려 살면서 자기 이익만 내세워서야 되겠는가.

하지만 이런 양심을 저버리는 사람들이 종종 나타나 공동체에 파문을 일으키기도 한다. 여기 그런 인간이 또 한 명 있다. 바로 『달과 6펜스』의 주인공인 찰스 스트릭랜드이다. 처음 그의 대담한 도피를 보고는 놀랐다. 성실한 아버지이자 남편, 직장인으로서 평범한 삶을 살던 사람이 갑자기 모든 걸 내던지고 사라지다니. 그것도 그림을 그리기 위해서란다. 그전까지 그림이라곤 그려보지도 않았던 사람이다.

모든 걸 다 내던지고 그림에 몰두하기로 한 대가로 그는 멀쩡한 집을 두고 허름한 집을 전전해야 했다. 게다가 생활은 매끼 챙겨 먹을 수도 없을 정도로 궁핍했다. 그런 곤궁함 속에서도 찰스 스트릭랜드는 이전의 삶으로는 돌아갈 수 없다고 단호하게 말한다. 그런 그의 모습에 나는 왠지 모를 소름이 돋았다. 그가 양심을 저버린 것은 어떤 명예나 부를 얻기 위함이 아니었다. 자신조차도 명확히 설명하지 못할 무언가에 이끌려 그림을 그리는 수밖에 없었다. 그는 열렬하게 캔버스 위에 열정을 쏟아부었고, 대담하게도 세속의 윤리를 뒤에 두고 코웃음을 치며 자기만의 길을 갔다. 그래야만 해야 할 일을 할 수 있기 때문이었다.

이기적이고 비윤리적인 열정이라고 비난할 수도 있지만, 나는 주인공의 말과 행동에 압도당했다. 그는 무지막지할 정도로 열렬하게 꿈을 좇는 이상주의자였다. 어정쩡하게 이것도 하고, 저것도 하는 사람이 아니었다. 빈곤함, 자신의 작품에 대한 타인의 비웃음쯤은 아무것도 아니라 여길 정도로 꿈과 이상에 미쳐있는 사람이었다. 더욱 놀라운 건 그가 고통스러울 정도로 매달려서 완성한 작품을 결국에는 불태워 버렸다는 점이다. 나는 이것이 그의 '순수한 열정'을 증명해 줄 수 있다고 생각했다.

나는 책을 덮으며 스스로에게 질문을 던져보았다.

'나는 그처럼 할 수 있었을까?'

대답은 '아니요'다. 나는 분명 찰스 스트릭랜드처럼 할 수 없다. 그러고 싶지도 않다. 내가 가진 이름과 책임도 나에겐 소중하기 때문이다. 다만 나는 내가 가진, 가져야 할 책임으로 인해 나의 꿈과 이상을 희생시키는 일은 없을 거라고 다짐했다. 그 결과로 현재 나는 엎치락뒤치락하듯 아슬아슬하게 겨우 균형을 잡아가며 살고 있다. 하고 싶은 일과 해야 할 일 사이에서 고군분투 중이다. 아마 앞으로도 그럴 것이다. 하지만 그러면 어떤가. 내가 꿈과 이상을 포기하는 일은 없을 것이고, 그렇기에 열정이 사라질 일도 없을 것이다.

그동안 직장인, 부모, 자식 등 여러 가지 이름으로 짊어지게 된 책임 때문에 자신의 꿈과 이상, 열정을 희생시키고 사는 사람들을 많이 보고 만났다. 그들이 가진 책임으로 행복해하는 것도 보았고, 힘들어하는 것도 보았다. 모든 사람의 상황과 사정이 각기 다르겠지만, 나는 그들이 꿈을 잃어버리지 않기를 바란다. 그들은 "나는 이런 책임을 져야 해서 지금은 할 수 없어"라고 말하곤 하는데, 그 말에서 언뜻 슬픔과 분함이 느껴진다. 그렇게 1년, 2년, 시간이 흘러도 여전히 같은 소리를 하며 낙담한 듯 혹은 체념한 것 같은 모습을 보면 안타깝다. 찰스 스트릭랜드처럼 그 책임을 다 팽개쳐두라는 것이 아니다. 책임의 의미를 평가절하할 생각도 없다. 하지만 책임은 등에 업고, 꿈과 이상은 양손으로 잡고 가면 되지 않을까?

책임을 다 짊어지고 가느라 느릴 수는 있지만 가고자 하면 분명 갈 수 있다고 생각한다. 단, 포기하지만 않는다면 말이다. 나는 모두가 그런 열정쯤은 가지고 살아야 한다고 믿는다. 그게 나의 삶을 사는 것이기 때문이다. 그러니 부디 꿈과 이상을 향한 열정을 잊지 말고, 나만의 삶에도 책임지며 살기를 바란다.

{ 자유 }

진정한 자유의 의미는 무엇일까?

리처드 바크, 『갈매기의 꿈』,
나무옆의자, 2018

나에게 자유란 대체 무엇일까?

자유를 얻고자 하는 마음은 언제나 간절했다. 그러나 나는 내 감정조차 제대로 통제하지 못하는 사람이었다. '이런 내가 대다수의 사람들이 따르는 세상의 정답을 뛰어넘을 수 있을까?' 하는 의심이 드는 건 어쩔 수가 없었다. 가끔은 주어진 현실에 너무 익숙해져 내가 자유에서 멀어져 있음을 눈치채지 못할 때도 있었다. 혹은 타인의 시선으로부터 자유로워질 용기가 없어 자유의 소망을 묻어두기도 했다. 사실은 타인의 삶에 묻어가는 편이 더 편하리라 생각하기도 했다.

그럼에도 나는 스스로 자꾸만 물었다. 정말 이대로 괜찮으냐고, 후회하지 않을 수 있겠느냐고. 어떤 책을 만나면 괴로우리만치 '자유'에 관한 생각에서 벗어나지 못하곤 했는데, 『갈매기의 꿈』도 그런 책 중 하나였다. 나는 이 책을 읽을 때마다 지금 자유를 누리고 있는지 반복해서 물었다.

"A는 ○○ 대학 들어갔다더라."

"B 알지? C네 딸내미 말이야. 걔는 이번에 재수한대."

"D 있잖아, F네 아들. 걔 이번에 어디 취직했다던데. 그렇게 졸업하고도 취직하지 못해서 속 썩이더니. 결국 대기업은 못 들어가고 작은 회사에 취직했대."

"G 있지? 결혼한 지가 벌써 3년 차인데 아직도 애가 없다더라. 그 애 엄마가 얼마나 걱정을 하던지."

엄마는 아직도 이런 이야기를 종종 한다. 친구분들과 만나고 돌아와서 혹은 통화하고 나면 꼭 이런 이야기를 나에게 전해준다. 나는 전혀 궁금하지 않으니 얘기하지 않아도 된다고 여러 번 피력해보았지만 소용이 없었다. 그래서 이제는 "아~"하고 대꾸하고 만다. 그런데 듣고 있노라면 참 비슷비슷한 인생이다 싶다. 1~2년 차이만 있을 뿐이지 고등학교 졸업하면 어느 대학에 갈지, 대학 들어가면 어디에 취직할지, 공무원 시험 준비를 언제 시작할지, 취업하면 결혼은 언제 해야 할지, 결혼하면 애는 언제 낳는 게 좋을지. 우리 사회에서 암묵적으로 정해놓은 인생의 길에서 크게 이탈하는 법이 없다.

이것은 비단 우리 집 풍경만은 아닐 것이다. 오죽하면 '명절 잔소리 메뉴판(잔소리를 하려면 얼마의 값을 지불해야 한다고 명시한 웃기지만 슬픈 글)'이란 게 생겼을까? 우리는 자라오면서 혹은 성인이 된 지금까지도 인생의 어느 지점에서는 똑같은 질문을 꼭 듣게 된다. 이것이 진리인 양 통용되는 인생의 수순이다. 1년에 최소 두 번 이상은 듣지만 여전히 듣기 싫고 반감도 든다. 그러나 이렇게 불평불만으로 끝내서는 안 되고 이에 대해 깊이 생각해본 적이 있었는가를 되돌아봐야 한다. 나에게 이것이 정말 옳은 것인지, 이러한 인생만 있는 것인지, 이것이 나에게 좋은 인생인지 말이다.

내가 대학을 휴학하고 방황하던 20대의 어느 날, 한 친척분이 나에게 이런 말씀을 하셨다.

"그냥 졸업하고 시집이나 가."

여자 인생의, 아니 내 인생의 목표가 그저 졸업해서 시집이나 가는 것이라고 생각하셨던 걸까? 나의 앞날을 왜 그렇게 쉽게 얘기하시는지 삐딱한 마음이 들었지만 결국 아무런 대답도 하지 못했다. 너무 황당하다 싶으면서도 딱히 대꾸할 말을 찾지 못했던 것 같다.

나는 한때 인생에는 정해진 절차가 있다고 생각했다. 그것은 이탈해서는 안 될 아주 중요한 인생의 계획표 같았다. 유치원을 시작으로 초등학교를 졸업하면 중학교에 들어가고, 중학교를 졸업하면 고등학교에, 고등학교를 졸업하면 대학교에, 대학교를 졸업하면 이름만 들어도 알만한 곳에 취직하거나 안정적인 공무원이 되어야 하는 아주 잘 짜인 계획표이다. 취업하면 결혼하고, 결혼하면 아이를 갖고, 하나는 외로우니 둘은 낳아야 한다. 내 의지와는 상관없이 남들이 다 하니까, 그게 잘사는 인생이라니까, 그 길이 아닌 인생은 존재하지 않는 듯 당연한 순서처럼 여겨졌다.

이런 인생의 계획표가 언제부터 세워져 있던 것인지 나는 몰랐지만 전혀 의문을 갖지 않았다. 언제 올지도 모를 인생의 큰 행복을 맛보기 위해서는 아주 소박한 자유만 누려야 한다는 말에 순응했다. 현재의 희생이 나중에는 보상으로 바뀐다는 믿음이 있었기에 가능한 일이었다. 하지만 대학교를 입학하고 난 후 이 모든 것이 불편해지기 시작했다.

'고작 또 다른 자유를 포기하려고 여태껏 참고 살았다니…'

우리 사회에서 자유란 정치와 윤리 교과서에서만 볼 수 있었다는 걸 깨달았다. 그리고 나에게는 긴긴 방황의 시간이 찾아왔다. 내 의지가 반영되지 않은 인생의 계획표에 회의를 느끼던 나는 어른이 되었다. 이제는 내가 나의 자식들 그리고 후손들, 제자들에게 무엇이 자유인지 말해주고 보여줘야 하는 위치가 된 것이다. 그래서 가끔 스스로 질문하게 된다.

'나는 자유로운가?'

아직은 아니라고 답할 수밖에 없다는 생각이 든다. 나는 여전히 뭐가 좋다는 누군가의 말에 쉽게 휘둘리기도 하고, 공동체의 울타리에서 벗어나게 될까 전전긍긍할 때도 있다. 또한 확신할 수 없는 일의 끝이 두려워 시작하지 못하기도 한다. 선택의 기준이 '나에게 좋은 것인가?'가 아닌 '남들이 보기에 괜찮은가?'가 될 때도 있다. 옳지 못하다고 여기는 관습에 순응하며 무기력함을 느끼기도 한다. 이런 것들은 종종 내가 자유로울 수 있는가에 대해 의문을 갖게 만든다.

내가 바랐던 것만큼의 자유를 못 누리고 있는 것은 사실이다. 하지만 희망은 있다. 바깥으로만 향했던 시선을 잠시 나에게도 돌리기 때문이다. 내가 무얼 할 수 있고 무얼 할 수 없는지 알고 싶고, 무엇을 알고 무엇을 모르는지 알고 싶다는 생각을 한다. 자유는 사실 멀고도 복잡한 것이기도 하지만 가까이 있는, 어쩌면 생각했던 것보다 쉽게 할 수 있는 것으로부터 시작될 수도 있다. 다른 사람들이 말하는 정해진 답이나 길 말고 내가 원하는 것은 무엇인지, 스스로 책임지고 해내고 싶은 일은 무엇인지 내가 갈 수 있는 다양한 길을 두루 살펴보고 고민하는 것이다. 이것으로부터 자유가 시작된다고 생각한다.

나의 동생은 지난해 자유를 얻기 위한 도전을 했다. 그 아이는 큰 결심 끝에 퇴사하겠다고 집에 폭탄선언을 했다. 당시 33살이었던 동생의 통보에 엄마는 드러누웠고, 아빠와 나는 엄마를 안심시키기 위해 안간힘을 썼다. 나는 진심으로 용기 있는 선택을 한 내 동생을 응원하고 싶었다. 자기 길을 가보겠다고 결심했을 때 잠도 못 자고 얼마나 고민했을지가 눈에 훤히 보였기 때문이다.

동생은 주위의 사람들이 평하기에 나름 괜찮은 인생의 트랙 위에서 한 번도 벗어나지 않고 달려왔다. 그 아이는 회사에 다니며 스트레스를 많이 받았다. 그 탓에 위장장애에 시달렸고, 살이 많이 빠져 30kg대의 몸무게를 찍었으며, 다크

서클을 1년 365일 달고 살았다. 그럼에도 버텨왔다. 엄마는 그런 동생을 보며 속상해하면서도 내심 그만두겠다고 말할까 봐 불안해하던 차였다. 아슬아슬하게 버텨오던 동생이 드디어 결정을 내렸다. 동생은 회사를 그만두고 여러 분야의 공부를 했다. 술 마시는 것으로 괴로움과 스트레스를 해소하던 동생은 새로운 도전을 시작하며 쳐다보지도 않던 책을 읽기 시작했다. 책을 읽으며 위안과 힘을 얻었다고 했다.

동생은 현재 다른 곳에 취직해서 일을 하고 있다. 동생이 지금 자유를 느끼는지는 모르겠지만 불안정한 현재를 두려워하면서도 자신을 믿어주는 경험을 생전 처음 해본 데에 의미를 두었으면 한다. 나는 그 아이가 만족감을 느꼈으리라 믿는다. 이전에는 자기 삶의 목표와 의미를 찾아볼 기회가 없었을 테니 말이다. 자유를 얻기 위해서는 스스로 내 삶을 선택하겠다는 용기가 필요하다. 그런 용기를 내지 못하면 자유는 그만큼 나에게서 멀어진다. 동생은 용기를 내보았고, 그래서 불편했더라도 자유의 의미를 조금은 알게 되었으리라 생각한다.

삶에 정답이 대체 어디에 있을까? 그런데 우리는 꼭 정답이 있는 것처럼 배워왔다. 종종 의문을 가지기도 했고, 불만을 품기도 했지만 결국에는 순응했다. 자유로운 삶은 사실 편하지 않다. 불편한 삶이다. 타인의 요구에도 거절할 수 있어야 하고, 모두가 "예"라고 말할 때 "아니요"라고 답할 줄도 알아야 한다. 거짓된 권위에 맞설 줄도 알아야 하고, 내가 하는 선택이 자유를 위함인지 단지 독단에 지나지 않는 일인지 스스로 평가할 줄도 알아야 한다. 자유를 찾다 고립을 경험할 수도 있고, 누군가의 분노를 받아내야 할 수도 있다. 끊임없이 나와 세상을 배워가야 함은 말할 것도 없다.

자유로운 삶은 이처럼 불편을 감수해야만 얻을 수 있는 것이다. 그럼에도 우리는 의미 있는 삶을 살기 위해 자유를 놓쳐서는 안 된다. 물론 이 의미 있는 삶은 사람마다 각기 다르다. 그 사실을 기억하며 자신의 철학을 가져야 함을 떠올리자. 그것이 진정한 자유로 가는 길이다.

{용기}

그럼에도 살아갈 용기를 얻다

다자이 오사무, 『인간실격』,

민음사, 2004

나의 속을 들여다보는 일은 쉽지 않다. 때때로 그 일은 나를 불쾌하게 만들기도 한다. 그것이 굳이 드러내고 싶지 않았던 것이면 더욱 그렇다. 하지만 책을 읽다 가끔은 의도치 않게 내 속이 까발려지는 때가 있다. 특히 책 속에 나와 비슷한 인물이 등장할 때면 예외 없이 민낯의 내 모습을 발견하게 된다. 『인간실격』은 그래서 편치 않았다. 그런데 한편으로는 묘했다. 읽고 나니 해방감이 느껴졌기 때문이다.

"윤희 씨가 딸 같아서 그랬나 봐요. 언제 밥 한 번 살게요."

어떻게 그 방에서 나왔는지도 모르겠다.

'대체 뭐라고 하는 거지?'

분명 이해하기 어려운 말들은 아니었다. 그런데 내가 무슨 소릴 들은 건지 이해가 되지 않을 만큼 나는 정신이 아득했다. 일터인 창고로 향하는 내 발걸음조차 느껴지지 않았다.

"뭐래?"

같이 일하는 동료 여사님이 물으셨다.

"딸 같아서 그랬대요."

어이없는 듯 혹은 분개한 듯한 탄식이 들렸다. 한참의 침묵을 깨고 이내 한소리 하셨다.

"억울하겠지만 윤희 씨가 그만둬. 어차피 아르바이트잖아. 다른 일 알아봐. 혹시나 윤희 씨가 신고라도 하면 여기 영업정지 될 수도 있어."

'아, 피해가 갈 수 있으니 나 하나 희생하고 입 다물면 된다 이거구나.'

그때 내가 무슨 표정을 지었는지, 무슨 말을 했는지 기억이 잘 나지 않는다. 아마 당혹스러운 표정만 지은 채 아무 말도 하지 않았을 거다.

결국 나는 그 여사님의 말대로 아르바이트를 그만두었다. 그러고는 차라리 지금까지 해왔던 대로 침묵했어야 했다며 스스로 비난했다. 나는 남들이 불편해할 만한, 나의 문제가 드러날 만한 이야기는 가슴에 묻어두어 왔다. 그런데 이번에는 그러지 않았다. 그런 내가 미웠다. 나를 성추행한 지점장이나, 자신이 피해당할까 봐 나에게 참으라고 했던 여사님을 미워한 것보다도 더 많이 나를 미워했다. 말하지 말았어야 했다며 아프게 나 자신을 원망했다.

이 사건 전에도 여러 번, 그것도 술 취한 지점장의 백허그보다도 더 정도가 심한 성추행을 당해보았다. 하지만 이때의 기억이 나에겐 더 큰 충격으로 남아 있다. 그 전의 무수한 성추행 사건들은 모두 침묵으로 남겨두어 그 사건에 대한 기억만 안고 가면 되었기 때문이다. 사실 그 여사님은 솔직한 말을 하셨다. 『인간실격』의 주인공인 요조가 말했듯 이 세상의 모든 사람은 속마음을 완전히 드러내지 않도록 애매모호한 말만 하기 마련인데 그 여사님은 예외였다. 앞에선 위로하는 척하면서 뒤에선 다른 소리 하는 일을 하지는 않았으니 말이다. 하지만 그동안 같이 일하며 주고받은 정은 무엇이었단 말인가. 내 편이 되어줄 거라고 믿었는데, 예상치 못한 반응에 나는 절망했다. 결국 사람 속은 알 수 없다고 생각했다.

그래서 나는 사람이 더 무서워졌다. 성추행을 하고는 딸 같아 그랬다던 헛소리보다 여사님의 말이 나를 더 힘들게 했다. 가장 친한 친구처럼 대하다가도 뒤에서는 나를 험담하는 사람들, 내 앞에서는 욕하더니 막상 그 사람을 만나면 언제 그랬냐는 듯 다정하게 대하는 사람들, 집 밖에서는 성인군자이고 집 안에서는 무서운 독재자가 되는 사람들, 사랑을 설파하지만 자신과 다른 사람을 보면 분노를 거침없이 내뱉는 사람들, 사람에게 해를 가하면서도 사랑을 들먹이는 사람들, 서로를 속이면서도 아무렇지도 않은 사람들을 이해할 수 없어 두려웠다.

어쩌면 나는 타고나기를 예민하게 태어났거나, 예민하게 길러진 것일지도 모른다. 그래서 세상을 알아보기 시작할 때부터 두려움을 느낄 수밖에 없었을지도, 그것이 나를 부끄러운 삶을 살게 했는지도 모른다. 나는 나를 드러내는 것보다 숨어있는 편이 더 낫다고 생각했다. 한편으로는 내가 생각하는 행복이라는 개념과 나 외의 모든 사람이 가진 행복이라는 개념이 너무도 다르다는 것을 알고 있었다. 나는 결코 세상 속에 녹아들 수 없을 거라는 불안을 느끼곤 했다. 가장 가까운 부모님과 나의 행복의 개념부터가 달랐다. 내가 누군가와 같지 않다는 것을 알아차리는 건 두려운 일이었다. 알 수 없는 것에 대한 공포는 더 크게 다가왔다.

나는 『인간실격』이라는 제목이 불편하게 느껴졌다. 그래서 손이 가지 않았던 책이다. 나중에서야 나 자신도 '인간실격'이라고 느꼈기 때문이었음을 알게 되었다. 그래서였다. 나는 나에게 일어나는 모든 안 좋은 일은 나로부터 비롯된 것이라 믿었다. 내가 겪는 불행은 어쩌면 당연한 것일지도 모른다고 생각했다. 아니, 그리 생각하는 편이 내 상황을 스스로 이해시키기 더 쉬웠다. 이야기해봐야 소용없는 일이고, 오히려 더 큰 상처를 받게 되리라 믿었기에 나는 나의 아픔에 대해서는 침묵하기로 했다.

한때는 내 몸에 스스로 상처를 내기도 했다. 그것이 일종의 놀이처럼 느껴졌는데, 나는 그런 취급을 받아도 된다고 생각했던 것 같다. 죽고 싶었지만 그럴 용기는 없어서 살아야 했고, 살기 위해서는 어쨌든 사람들과 어울려야만 했다. 결국 나는 내 안의 두려움을 들키지 않기 위해서, 타인과 멀어지지 않기 위해서 가면을 썼다. 나 또한 요조처럼 사람과 세상을 두려워하면서도 단념할 수는 없었던 모양이다.

내가 사람들과 어울려 살기 위해 쓴 가면은 '수다쟁이'다. 내가 수다쟁이가 되기로 한 것은 엄마에게 잘 보이고 싶었기 때문이다. 그리고 나의 불안과 괴로움을 숨기기 위해서였다. 속마음을 드러내지 않는 한에서 나는 얼마든지 수다쟁이가 될 수 있었다. 그것이 상대를 만족시키고 침묵의 불편함으로부터 해방시켜준다는 것을 일찌감치 알았던 것 같다. 어렸을 때부터 나는 엄마에게 끊임없이 수다를 떨었다(엄마는 내가 애교 없는 딸이라고 했지만, 나는 이 '수다'가 애교라고 생각했다.). 그래서인지 과묵했던 동생보다 엄마와 더 많은 시간을 보낼 수 있었다.

나는 불안할 때마다 말이 더 많아지고는 했다. 그래서 괴로웠다. 누군가와 만나고 돌아오면 진이 다 빠져 있었다. 겨우 터덜터덜 안전한 곳으로 들어와서도 나는 쉬지 못했다. 그때부터는 생각에 잠겼다. 생각은 주로 나를 수치스럽게 만드는 것들이었다. '왜 그런 쓸데없는 말까지 했을까?'에서 시작해 '나를 어떤 사람으로 봤을까?', '입 다물고 있을걸'까지 반복해서 되뇌다 잠도 못 잘 정도였다. 그런데도 수다쟁이는 쉽게 사라지지 않았다. 나는 떠들지 않고는 사람들 속에 섞일 수 없다고 생각했다. 그리고 수다쟁이는 숨기고 싶은 이야기를 어물쩍 넘길 수 있게 해주는 일종의 무기도 되었다.

어쩌면 나는 내가 제일 무서웠는지도 모른다. 내 속에 '나'

가 참 많았는데, 그런 내 모습을 받아들이기가 힘들었다. 수다쟁이 이윤희, 침묵하는 이윤희, 착한 사람 이윤희, 착하고 싶지 않은 이윤희, 모범생 이윤희, 불만투성이 이윤희, 남의 불행에 안도하는 이윤희, 죄책감을 느끼는 이윤희, 화내고 싶은 이윤희, 참고 싶은 이윤희 등 '내가 원하는 나'와 '원하지 않는 나'가 공존한다는 사실을 인정하기가 괴로웠다.

착한 사람인 양, 수다쟁이인 양 구는 내 모습이 창피했다. 나에 대해서는 생각하는 것조차 회피하고 싶을 정도였다. 누군가가 나에게 착하다고 하거나 좋은 말을 해주면 어찌할 바를 몰랐다. 나는 그런 사람이 아니라고 말하고 싶다가도 이중적인 내 모습을 남들에게 들킬까 봐 두려워지기 시작했다. 언젠가는 들켰다고 생각하기도 했다. 얘기하면서도 내가 침묵하고 있는 것들이 자꾸 떠올라 얼굴 근육이나 몸의 동작, 말투가 부자연스러워졌기 때문이다. 그 일이 있고 나면 모든 것으로부터 도망치고 싶었다.

독서모임에서 사람들과 '나의 페르소나'에 대한 이야기를 나누며 중요한 사실을 하나 깨달았다. 이런 생각을 하는 것은 나뿐만이 아니었다. 내가 스스로 알기 어려운 존재라고 생각하는 것처럼 다른 사람들도 그렇게 느끼고 있었다. 인간

관계를 어려워하는 것도 매한가지였다. 얼마나 안도감이 들었는지 모른다. 타인도 실체가 보이지 않는 세상과 사람의 속에 대해 크고 작은 두려움을 갖고 있다는 사실, 그래서 각자 나름의 가면을 쓰고 산다는 사실을 알게 되었다.

앞으로 나에게 남은 숙제는 용기를 내는 일이었다. 내가 나에 대해 조금만 더 솔직해질 용기를 내면 거기서부터 변화가 시작될 것임을 알아차렸다. 그제야 비로소 나는 가면을 쓴 나도, 그런 나를 싫어하는 나까지도 인정할 수 있게 되었다. 그러면서 이 세상에 '인간실격'이라는 단어를 쓸 자격이 주어진 사람은 아무도 없다는 사실을 깨달았다. 그건 타인에게도, 자기 자신에게도 쓸 수 없는 말이었다.

누가 알까 무서울 정도로 부정적이면 어떤가. 긍정적인 사람이 되려고 노력하며 살 수 있다. 바라는 나와 실제 내가 다르다고 느껴지면 또 어떤가. 바라는 내가 되어가는 삶을 꿈꿀 수도 있고, 바라던 내가 되어 살 수도 있다. 세상을 두려워하면 좀 어떤가. 우리는 돌다리도 두드리고 건너야 한다는 것을 안다. 인간관계가 어려우면 좀 어떤가. 그러면 나와 타인에 대해 더 알고자 하는 마음을 가질 수 있다. 내가 가끔은 쓸모없이, 하찮게 느껴질 때가 있으면 또 어떤가. 나를 사랑해주면서, 내가 사실은 기적과도 같은 존재임을 자신에게 말해줄 수 있다.

나는 여전히 더 큰 용기를 낼 필요가 있다고 생각한다. 이렇게 나는 그동안 침묵해왔던 나의 이야기 하나를 더 풀어내면서 용기를 냈다. 그러니 괜찮다. 이렇게 살아가면 된다. 이렇게 용기를 내면 된다.

{존엄}

나는 품격 있는 삶을 살고 있는가?

|

페터 비에리, 『삶의 격』,

은행나무, 2014

'존엄성'이라는 단어를 처음 접해본 건 고등학생일 때였다. 그 당시 나는 존엄성을 아주 중요한 것, 절대 훼손되어서는 안 되는 것으로 이해했는데 그다지 와 닿는 말은 아니었다. 내가 학생일 때 나의 존엄성은 빈번히 침해되었기에 그것은 교과서에서나 볼 수 있는 것이라고 생각했다.

그 이후로도 TV나 라디오 등에서 '존엄'이라는 말을 간혹 접할 때마다 왠지 거창하게 느껴졌고, 애매모호하다고 생각되었다. 아주 중요하고 절대 훼손되어서는 안 되는 것인데, 그 가치만큼 일상에서는 흔히 쓰이지 않는 말이었다. 어떤 사건을 두고 인간의 존엄성이 지켜졌는가를 논의할 때조차 어디에 기준을 두고 보느냐에 따라 달라질 수 있는 것이었다. 모든 윤리적인 문제들이 그렇지만 말이다.

그럼에도 결국 인간의 존엄에 관심을 두게 되었다. 나를 바라보는 눈이 달라지니 다른 사람들도 달리 보였기 때문이다. 그러다 페터 비에리의 『삶의 격』을 만났다. 그의 책을 읽고 인간의 존엄이란 일상의 삶에서 멀리 떨어져 있거나 거창하게 내세울 것이 아님을 알게 되었다. 존엄은 일상이고, 경험이며, 질문임을 깨달았다.

정식 발령 전, 두 번째 기간제 교사로 일하던 때의 일이다. 출산휴가에 들어간 선생님을 대신하여 기간제 교사로 들어가게 되었다. 그때가 9월 중순이었다. 계약 기간은 겨울방학 전까지였고, 나는 계약서에 명시된 기간을 확인하고는 기간제 교사 일을 시작했다. 네 달여의 시간이 지나고 계약 기간 만료가 되는 시점이 다가왔다. 나는 겨울방학 일주일 전부터 왠지 불안했다. 곧 교감 선생님의 호출이 있을 거라고 생각했기 때문이다. 나를 호출하는 이유는 두 가지 중 하나다. 계약 기간을 연장하거나, 겨울방학은 제외하고 개학 후부터 봄방학 전까지 전일제 강사로 다시 계약하는 것이다.

얼마 되지 않아 호출이 왔다. 어떤 제안을 하실까 두근대며 교감 선생님 앞에 선 순간 후자 쪽임을 직감했다. 결국 2학기를 통째로 책임지는 셈이고, 방학 기간에만 내 자리가 없다는 의미였다. 교감 선생님은 생각해보라고 하셨지만 나는 이미 결정한 상태였다. 또 다른 선생님을 구하라고 하는 것은 아이들에게도 못 할 짓이라는 생각이 들어 전일제 강사 계약을 하기로 했다.

그렇게 결정하고 교실로 돌아와 앉아 있는데 스멀스멀 화가 올라왔다. 나는 결국 누군가의 '대체자'일 뿐이라는 사실이 피부로 와 닿았기 때문이다. 그동안 내 의무와 책임에 최선을 다했지만 인정받지 못한 기분이었다. 차라리 원래 계약했던 대로 마무리가 되었다면 괜찮았을 텐데. 한참을 교실에 앉아 쓰린 속을 달래다 결국 나는 참지 못하고 교감 선생님에게 돌아갔다. 그리고 속상한 마음을 토로했다. 그렇게라도 해야 속이 풀릴 것 같았다. 하지만 이해한다며 나를 달래는 교감 선생님 말씀에도 좀처럼 서운한 감정은 사라지지 않았다. 그렇게 방학을 맞이했고, 방학 내내 나는 괜스레 초라해진 마음으로 시간을 보냈다.

일명 '쪼개기 계약(방학 기간은 제외하고 계약을 맺는 계약)'에 대한 생각이 분분한 것으로 안다. 내 경우에는 정교사 자리가 보장되어 있었기에 그저 유쾌하지 않은 경험으로 넘길 수 있는 일이었다. 하지만 이 일을 계기로 나는 기간제 교사의 처우에 대해 생각해보게 되었다. 이 쪼개기 계약으로 분명 자신의 존엄성에 대한 상실을 경험하는 이들이 많을 것이기 때문이다. 내가 만약 정교사 자리를 점해두지 못한 상황에서 같은 일을 겪었다면 마음이 더 무너져 내렸을 것이다. 결국이 일은 내가 타인에게 어떤 취급을 받느냐에 따라 나의 존엄성이 지켜지기도, 그렇지 않기도 하다는 것을 알게 된 사건으로 남았다. 참 씁쓸한 기억이다.

그렇다면 나는 타인의 존엄에 대해 민감했었는가? 슬프게도 그렇지 않았다. 나는 학교에 있으면서 이곳은 '파놉티콘'이고 나는 '간수'라는 생각을 종종 했다. 아이들을 규칙(일부는 동의를 구했지만 동의라고 하기엔 어려운)으로 통제했고, 통제해야 한다는 이유로 아이들에게 상처를 주기도 했기 때문이다. 내가 처음 이런 생각을 하게 한 아이가 있다. 나에겐 첫 제자였던 남자아이로, 지각을 해서 종종 나와 대화를 나눴다. 학기 초까지만 해도 지각을 자주 하진 않아서 "내일은 조금 더 일찍 오자" 정도로 이야기를 마치곤 했다. 하지만 언제부턴가 그 아이는 매일 지각하기 시작했다.

그렇게 한 달이 훌쩍 지난 어느 날, 인내가 바닥난 나는 아이에게 왜 늦었냐고 차갑게 쏘아붙였다. 다른 친구들이 지켜보고 있는 자리에서였다. 아이는 늘 그랬듯이 "엄마가~ 동생이~"라고 하면서 자신이 지각할 수밖에 없었던 이유를 말했다. 이미 인내심이 바닥에 뚝 떨어진 나는 그 이유를 끝까지 들을 여유도 없었다. "왜 다른 사람 핑계만 대!"라며 소리를 버럭 지르고는 말도 하기 싫다는 듯 손짓으로 들어가라고 했다. 그 아이는 얼어붙은 듯 어떤 소리도 하지 못하고 자기 자리로 돌아갔다.

나에겐 그 아이를 그렇게 대할 권리가 없었다. 내가 그 아이에게 소리를 버럭 지를 수 있었던 건 내게 그럴만한 권력이 있음을 알았기 때문이었다. 나는 죄책감을 느꼈고, 내가 그 아이의 품격과 나의 품격을 동시에 훼손시켰다고 생각했다. 이 일은 내가 타인을 어떻게 취급하느냐에 따라 한 사람의 존엄성이 훼손될 수도 있음을 뼈아프게 깨달은 사건으로 남았다. 나는 이 일로 나의 삶을 되돌아보는 시간을 가졌다.

나 스스로에게는 어떠했었나? 나는 온라인 게임을 7년 정도 했고 중독 수준은 심각했다. 가끔은 머리가 팽 도는 느낌과 함께 몸이 기우뚱거리기도 했다. 그래서 피시방에서 오랜 시간 게임을 하다가 쓰러져 사망한 사람의 뉴스 보도를 떠올리며 걱정하기도 했다. 하지만 다음 날 아침이면 어김없이 피시방으로 향했을 정도로 나는 내 의지를 내 마음대로 할 수 없는 사람이었다.

온라인 게임을 했던 그 시간은 나에게 내적·외적인 부자유의 시간이었고, 생각할 줄 아는 인간으로서 살지 못한 시간이었다. 그 당시에는 알아채지 못했지만 벗어나고 보니 게임에 지나치게 의존함으로써 스스로 나의 존엄성을 훼손하고 있었다. 내가 독립적이고 주체적인 사람이라는 사실조차 잊어버린 것이다. 이 일은 내가 나를 어떻게 대하느냐에 따라 나의 존엄성이 훼손될 수도 있음을 알게 해주었다. 다행히 나의 의지로 게임 중독을 끊어냈다. 게임 중독을 극복함으로써 나의 독립성은 확보되었고, 일종의 해방감도 느꼈다.

존엄은 우리의 일상생활과 동떨어진 것이 아니다. 우리는 함께 어울려 살아가며 어떤 방식으로든 타인에게 영향을 끼치게 된다. 그럼으로써 존엄을 지켜주기도 하고, 훼손시키기도 한다. 누군가의 존엄성이 지켜졌는지에 대한 여부를 판단하기는 쉽지 않다. 한 가지의 관점으로 평가할 수 없고, 하나의 상황 속에서도 사람마다 관점이 다를 수 있기 때문이다. 그래서 참 모호하게 느껴진다.

　그렇다고 존엄에 대한 생각을 놓고 살아서는 안 된다. 이것이 누군가의 삶과 죽음에 영향을 미칠 수도 있기에 더 중요하게 다뤄져야 한다. 자신의 경험을 매번 이해하고, 인과관계에 관해 스스로 물어보며, 나의 관점과 타인의 관점을 두루 살펴볼 수 있어야 한다. 무엇보다 충분한 질문과 대화가 필요하다. 그러기 위해서는 깨어있어야 하며, 나 그리고 나와 함께 더불어 사는 사람들의 존재 가치에 민감해져야 한다. 이런 삶의 방식이 나의 품격 있는 삶을 만들어 줄 것이기 때문이다.

{ 공감 }

그 누군가도 나와 같은 사람임을 잊지 않기를

|

레슬리 제이미슨, 『공감 연습』,
문학과지성사, 2019

다른 사람들의 눈을 통해 공감하는 것은 세상을 자신의 눈
에 비추는 것이 아니라, 다른 사람의 눈으로 보는 것이다.

- 칼 로저스

공감은 어려운 능력이다. 나름 공감한다고 던진 말이 상대
에게 별 소용이 없을 수도 있고, 오히려 잊지 못할 생채기를
낼 수도 있다. 진정한 공감 능력을 발휘하려거든 그 상황에,
그 사람의 속에 들어가는 수밖에 없다. 하지만 그렇게 하더
라도 적절하게 공감의 말을 던지기란 정말 어려운 일이다. 그

이유는 우선 사람의 감정은 아주 미묘하면서도 갈대와도 같고, 그 감정을 느끼는 사람조차도 자신이 어떻게 그 감정을 다루기를 원하는지 모르기 때문이다. 상상력을 갖춘 사람이라도, 예민함과 민감함을 갖춘 사람이라도 어렵기는 매한가지이다.

그러면 공감하기를 포기해야 하는 걸까? 그것은 아니다. 공감은 점점 더 많은 사람이 필요로 하는 능력이 될 것이라고 한다. 전 세계 사람과 쉽게 연결될 수 있지만 쉬운 만큼 깊이 있게 만나기 어려운 시대이고, 공동체보다는 개인주의에 익숙한 시대이다. 그러나 사람은 함께 살 수밖에 없기에 공감을 필요로 한다. 공감에 관한 책을 찾다 한 권의 에세이집을 만나게 되었다. 『공감 연습』은 저자가 자신과 타인의 고통을 경험하며 느낀 감정을 예민하게 쫓아가는 글들의 모음집이다.

"배 위에 트럭이 지나가는 것 같아요."

"정말 말로는 표현할 수 없는 고통이에요. 생전 처음 겪어봐요."

"생리통의 100배쯤 되는 아픔이에요."

출산하기 한 달 전부터 나는 출산 후기를 매일같이 찾아

봤다. 출산 영상도 보고 사진도 찾아보았다. 굳이 이렇게까지 할 필요는 없었지만 어느 정도 마음의 준비를 하고 싶었다. 글을 보면서 두려움에 잠 못 이루는 날이 많았다. 그 고통이 어느 정도일지 온갖 상상력을 동원해 봐도 알 수 없었다. 생경한 경험, 생경한 고통이 대체 어느 정도일까 두렵기만 했다.

모든 사람이 다 똑같이 느끼는 것이 아니기에 직접 경험해보기 전까지는 알 수 없는 것이다. 진통은 내가 예상할 수 없었던 고통이었다. 그 고통은 병원 분만실에 들어가자 더욱세졌다. 언제쯤 무통 주사가 주입될지, 자궁 경부가 어느 정도 열려야 힘을 줄 수 있는지, 힘은 언제 빼야 하는지, 첫째 아이는 진통을 오래 겪을 수도 있다는 사실 등 이미 많은 것을 알고 있었다. 하지만 나에게 현재 벌어지고 있는 모든 것이 낯설었다. 미리 무통 주사 관을 삽입할 때까지만 해도 이정도 아픔은 출산에 비하면 아무것도 아닐 테니 참아야 한다고 되뇌었다. 그러나 잦아지고 강해지는 진통을 나는 스스로도 놀랄 정도로 참지 못했다. 고통을 누군가와 나누기보다 혼자 끙끙대는 편이 낫다고 생각했던 내가 난생처음 보는 간호사에게 정신적으로 의지하게 될 줄은 몰랐다.

꼬박 12시간이 넘는 진통 끝에 간호사는 아이가 조금 있으면 나올 테니 힘을 주라고 했다. 간호사는 다른 분만실에도 가느라 왔다 갔다 하며 자리를 비우고 있었다. 불안한 남편도 계속 왔다 갔다 했다. 나는 밤을 꼬박 새운 데다 물 한 모금도 마시지 못한 채로 힘을 계속 주고 있는 상태였다. 언제 아이가 나올지 몰라 두렵고 막막했다. 힘도 점점 빠지고 있었다. 그때 잠시 분만실에 간호사 한 명이 들어왔다. 울고 싶은 마음을 꾹 누르며 나는 그 간호사에게 "너무 힘들어서 힘을 못 주겠어요"라고 겨우 말했다. 그런데 돌아온 반응에 나는 더 울고 싶어졌다. 간호사는 "산모님이 힘을 안 주시는데 제가 뭘 어떻게 해요?"라고 무뚝뚝하게 응답했다.

아마 나는 아이의 출산 기억을 떠올릴 때마다 그 간호사도 함께 떠올릴 것이다. 그리고 결코 유쾌한 기억으로 남진 않을 것이다. 아이가 나오기 직전, 그 정신없는 상황에서도 간호사의 말을 곱씹고 있을 정도였으니 말이다. 나도 어지간히 속상했나 보다.

나는 간호사가 그렇게 말했던 이유에 대해(별 소용없는 일일지는 몰라도 이 일은 내가 타인을 대하는 데 있어 어쩌면 타산지석으로 삼을 수도 있을 테니) 나름대로 생각을 해보았다. 그녀는 어쩌면 그날따라 피곤했거나 개인적으로 기분 좋지 않은 일을 겪고 있었는지도 모른다. 아니면 너무 많은 산모를 대하다 보니 감정적으로 무뎌졌을지도 모른다. 즉 한 여자가 고통을 겪고 있는 '개인의 이야기'보다는 산모라면 누구나 겪는 '평범한 상황'이라는 시선으로 보았기 때문일 것이다. 그것은 그녀가 다른 사람의 고통 속으로 들어가는 일을 방해했을 터다. 하지만 많은 여자가 겪는 일이라는 평범성이 아픔을 예방해주지는 않는다는 것을 알았더라면 어땠을지 아쉽기만 하다.

　문학이나 에세이를 읽으면 좋은 점 중 하나는 내가 경험해보지 못한 일을 겪은 다양한 인물을 마주할 수 있다는 것이다. 그 인물들은 내가 개인의 이야기에 집중할 수 있게 해준다. 나는 그렇게 책을 읽으며 때로는 낯설지만 적나라하게 묘사된 이야기 속으로, 때로는 낯익은 상황과 감정들 속으로 들어갈 수 있다. 그럼으로써 그들의 감정과 아주 조금이라도 비슷한 감정을 느끼곤 한다. 물론 내가 그들의 '이야기'에 얼마나 깊이 빠져들었느냐에 따라 조금씩 달라지긴 하지만 말이다.

　『공감 연습』을 읽으면서 나는 다양한 인물을 만날 수 있었다. 물론 저자의 경험과 감정을 주로 만나게 되었다. 나는 그녀와 똑같은 경험은 아니지만 비슷한 경험을 한 적이 있다는 것을 떠올렸다(출산 기억이랄지, 장례식장에서 슬픔을 느끼지 못해 당황했던 경험이랄지). 그리고 뚜렷하게 상황이 떠오르지는 않지만 그녀가 묘사한 생각, 감정과 얼추 들어맞는 것을 느껴본 경험이 있다는 것도 기억해냈다. 혹은 상상력을 동원하여 잠시 저자가 되어보기도 했다. 이런 모든 경험은 나의 공감을 불러오기에 충분했다.

나는 독서를 통해 공감 능력을 개발시킬 수 있다는 것을 경험으로 알고 있었다. 그렇기에 아이들에게 책 읽기를 더욱 강조하고 싶다. 공감 능력이 학교 안에서 벌어지는 많은 문제를 해결하는 데 도움이 되기 때문이다. 최근 학교에서 민감하게 다루는 사안 중 하나는 학교폭력이다. 아이들은 학교폭력이라는 단어를 자주 떠올리고, 실제로 입 밖으로 내뱉기도 한다. 그리고 어른들은 이를 두려워한다. 나는 그 단어를 들으면 두렵기보다는 오히려 슬프다. 학생들은 가해자와 피해자가 되어야 하고, 결국 모두가 만족하지 못하는 해결책으로 상처만 남는다. 나는 학교 현장에 있으면서 어른이든 아이든 모두 공감 능력을 길러야 한다고 생각했다. 학교폭력은 감시와 처벌로는 근본적으로 해결되지 않는 문제이다.

2019년 11월 30일, 동아일보에는 "집단 따돌림 90% 줄인 비결은 관찰과 공감"이라는 제목의 기사가 하나 실렸다. 내용인즉 캐나다의 시민단체인 '공감의 뿌리'에서 공감배양 프로그램을 만들었는데, 이를 시행한 캐나다 초등학교에서 10년 내 괴롭힘과 집단 따돌림이 90%가량 감소했다는 연구 결과가 나왔다는 것이다. 공감 능력 배양이 학교폭력의 문제를 예방·해결하는 방법임을 제시하는 기사와 논문, 책은 수도 없이 많다. 이는 학교폭력이 발생하는 원인으로 낮은 공감 능력을 꼽을 수 있다는 데 힘을 실어준다. 우리는 해당 아이들을 어떻게 처벌하고 보상할 것인가보다는 어떻게 공감 능력을 개발시켜줄 것인가를 중점으로 두고 예방책과 해결책을 고민해야 한다.

'우리가 돌봄을 받기 위해 타인을 돌본다'라는 저자의 말처럼 우리는 따로 떨어져 혼자 살 수 없기에 서로의 돌봄이 필요한 존재들이다. 그러므로 나의 감정만큼 타인의 감정에도 민감해져야 한다. 하지만 서두에 말했듯이 진정한 공감 능력을 발휘하는 것은 말처럼 쉽지 않다. 공감하기 위해서는 우선 내가 상대에 대해 아무것도 모른다는 것을 알고 쉽게 판단하지 않아야 하며, 많은 상상력과 질문을 필요로 한다.

따라서 공감에도 연습과 노력이 중요하다.

모든 사람이 타인도 나와 같이 감정을 가진 존재임을 기억하면 좋겠다. 그 누군가도 나와 같은 사람임을 잊지 않기를 바란다. 그래서 어느 누구도 혼자 쓸쓸해 하는 일이 없도록 말이다. 이러한 노력이 현재 우리 사회에서 발생하는 많은 갈등과 문제를 해결해줄 것으로 생각한다. 사회 속의 각 개인이 더 나은 자아를 만나도록 해주리라 믿는다.

〜

{ 자족 }

지금 내 삶의 주인은 누구인가?

〡

헨리 데이빗 소로우, 『월든』,
이레, 2001

'아마 나는 그렇게 살지는 못할 것이다.'

소로우가 그의 정신적 자서전인 『월든』에서 보여준 자연
속의 삶 말이다. 그는 월든 호숫가의 숲에서 2년 2개월간 간
소하게 집을 짓고, 조촐하게 농사를 지어 먹으며 홀로 살았
다. 그렇게 자족하며 산 그의 생활은 나에게 흡사 소설 속의
한 장면처럼 느껴졌다. 나는 그처럼 현재의 안온한 생활을
접고 숲으로 달려갈 수는 없지만 한편으로는 그가 말한 자
족의 삶을 아쉬운 대로 실천하며 살 수 있겠다는 생각은 들
었다. 아주 미약하겠지만 말이다.

"열심히만 살지 말고, 잘 살아야 한다."

언젠가부터 아빠는 종종 이 말을 하신다. 아빠가 한 번씩 내뱉는 이 말이 무엇을 의미하는지 알기에 나는 씁쓸했다. 아빠는 평생 일만 하셨다. 내가 본 아빠는 집과 일밖에 모르셨다. 평일에는 늘 새벽에 나가셨고, 밤 10시에 돌아오시면 우리와 대화를 나누거나 할 새도 없었다. 그러다 보니 아빠의 매일은 맥주 한잔하며 TV를 보다 잠드는 날들이었다. 주말에는 소파와 혼연일체가 되어 집에만 계셨다. 그렇게 보낸 세월이 30년도 넘었다. 어디 여행을 가는 일도, 친구를 만나는 일도 없이 오로지 집과 회사뿐이셨다.

이제 아빠의 나이가 환갑이 훌쩍 넘었다. 평생 일만 하며 열심히 살아왔는데도 삶의 변화가 없다는 사실에 아빠는 세월의 상실감을 느끼신 듯했다. '우리 아빠 세대의 모든 아빠가 그렇지 않을까?' 혹은 '지금 세대도, 앞으로의 세대도 이런 말을 인생의 후반기에 하게 되지는 않을까?'라고 생각하곤 한다. 참으로 허무하고 씁쓸한 일이다.

우리는 소비 만연의 시대에 살며 불안과 걱정, 노동에 매몰되어 살고 있다. 현재에 행복을 느끼며 더 나은 미래를 꿈꾸는 일은 사치인 양 과한 노동과 과한 소비를 하느라 시들어간다. 물론 노동은 신성한 것이다. 하지만 어디 일생을 노동으로만 꽉 채워서야 되겠는가. 우리는 일주일에 단 하루나 이틀(아직 주6일 출근하는 곳도 많다.)의 휴식을 위해 나머지 시간을 온통 일에 매달린다. 게다가 많은 사람은 자신의 시간 대부분을 소비해야 하는 노동에 어떤 즐거움이나 만족도 느끼지 못하고 있다.

우리의 노동 시간은 너무나 길고, 그에 비해 보상은 하찮다. 일에서 즐거움이나 만족을 느끼지 못하기에 더욱 그러하다. 그래서 우리는 다른 방법으로 자신에게 보상해야 했다. 그것은 무언가를 사들임으로써 손쉽게 만족을 채우는 일이다. 하지만 이런 소비도 우리를 오랜 시간 즐겁게 해주지는 못한다. 소비 끝의 만족은 허무하리만치 짧은 시간 동안에만 유지될 뿐이다. 그럼에도 불구하고 우리는 (어쩌면 너무나도 과도한) 소비를 포기하지 못한다. 그러다 나중에는 주객이 전도되는 상황과 맞닥뜨리게 된다. 노동에 대한 보상으로 소비하는 것이 아니라 이미 소비한 것을 메우느라 괴로운 노동에서 벗어나지 못하는 것이다. 절망감에서 시작한 소비는 더 큰 절망감으로 치닫게 마련이다. 그런 소비는 우리를 소유자로 만드는 대신 노예로 만든다.

나는 한때 옷을 잔뜩 사곤 했다. 나에겐 그리 많은 옷이 필요하지 않았는데도 쇼핑으로 스트레스를 해소하듯 옷을 사서 쟁였다. 온라인 쇼핑몰은 내가 쉽고 빠르게 돈을 소비하도록 했다. 물론 비싼 가격의 옷을 사들이진 않았지만, 나중에 따져보니 옷을 사는 데 제법 큰 비용이 들었음을 알 수 있었다. 그렇게 사들이기를 1년, 옷들로 인해 나는 스트레스를 받기 시작했다. 정리하기에도 시간이 들고, 옷을 찾아 입는 것도 일이 되었으며, 청소하기도 힘들어졌다. 안방의 옷장을 다 메우고도 모자라 2단 행거 빽빽이 들어찬 옷들에 숨이 막힐 지경이었다. 먼지는 어찌나 잘 쌓이던지 볼 때마다 한숨이 나왔다. 결국 벼르고 벼르다 가진 옷의 3분의 2 정도를 처분했다. 일부는 기증했고, 일부는 헌 옷 수거로 해결했다. 그 결과 2단 행거 하나를 치울 수 있었고, 옷장도 숨 쉴 틈이 생겼다. 내 속이 시원해진 것은 말할 것도 없다.

옷 정리를 필두로 쓰지 않는 주방 도구, 두 번은 읽지 않을 것 같은 책, 이불, 소가구 등을 중고로 팔았다. 비우고자 마음먹으니 내 생활에 필요한 물건이 생각보다 많지 않음을 깨달았다. 그렇게 몇 달에 걸쳐 비우고 나니 집 안이 텅텅 비었다. 집에 온 손님이 썰렁하다고 말할 정도였다. 집 여기저기를 둘러봐도 스트레스가 생기지 않았다. 청소 시간은 대폭 단축되었고, 먼지도 확실히 덜 쌓였다. 필요한 물건도 금세 찾을 수 있었다. 드디어 집 전부는 아니지만(대출이 남아있고, 내 마음에 쏙 드는 것도 아니었기에) 일부분은 나의 소유가 된 듯했다.

나의 일상이 복잡해지는 것은 현재 내 삶에 만족하지 못하기 때문이다. 텅 비어버린 마음이 불안하기에 어떤 식으로든 채우려다 보니 과해지는 것이다. 그러나 이 과함이 주는 잠시의 기쁨이 지나가면 또다시 불안이 찾아온다. 그렇게 반복되는 복잡함 속에서 '나'를 잃어간다. 그럴 때 잠시 멈춰 서서 자신에게 물어야 한다.

"지금 내 삶의 주인은 누구인가?"

나는 우리 집이 집주인의 넋이라곤 없는 집이라고 생각해본 적이 없었다. 하지만 『월든』을 읽으며 깨달았다. 내가 많은 시간을 보내는 주거공간을 선택하면서도 나의 철학과 기준을 고려하기보다 외부의 기준을 따랐다는 사실을 말이다. 아파트에서 나고 자랐기 때문에 별다른 고민 없이 아파트를 선택했고, 당시의 형편보다는 조금 더 나은 집에서 살고자 대출을 받았다. 그 결과 현재, 매달 이자와 원금을 갚는 데 생각보다 많은 지출을 하고 있다. 처음에는 이것에 대해 별스럽게 생각하지 않았다. 많은 사람이 나처럼 살고 있으며, 그럴 수밖에 없는 일이라고 생각했다.

하지만 요즘 나는 대출금이 나의 일상을 옥죈다는 생각을 하곤 한다. 이것으로도 내가 집을 소유했다고 말할 수 있을까 싶다. 게다가 집 안의 가구와 가전을 살 때 우리는 "최소한!"을 외쳤다. 하지만 TV는 꼭 필요하다는 어른들의 말씀에 TV를 샀고, 친척 집에서 본 대로 우리의 필요를 생각하지 않고 킹사이즈의 침대를 샀다. 거실 테이블과 소파도 샀다. 아기를 낳고 나서야 생각 없이 가구와 가전을 산 것에 후회했다. 현재 거실 테이블은 헐값에 중고로 넘겼고, 소파는 물건을 올려놓는 용도로 쓰이고 있다(얼른 치워버리고 싶다).

아마 대부분의 사람들이 나와 크게 다르지 않을 것이다. 사람들이 더 넓은 아파트로 이사가야 하는지를 고민하는 까닭도 이해가 된다. 하지만 이런 식으로 살아도 정말 괜찮은 걸까? 우리가 물건에 치이고, 대출금에 치이느라 현재의 자신에게 만족하는 법을 잊고 말지도 모른다는 것을 한 번쯤은 생각해봐야 하는 것이 아닐까?

생각해보면 언제나 물질적인 만족은 정신적인 만족을 뛰

어넘지 못했다. 사치품들이 주는 만족은 짧고, 후회와 허무함은 길었다. 빽빽하게 들어찬 매일의 일들은 사소한 여유와 만족을 잊게 했다. 반면 아이의 웃음소리, 다정히 주고받는 말들, 문득 바라본 노을의 아름다움, 머리와 가슴을 채워주는 글들은 그렇지 않았다. 나의 매 순간을 만족시켜주는 것은 이처럼 언제나 소박한 것들이었다.

『월든』을 읽으며 나는 아빠의 "열심히만 살지 말고 잘 살아야 한다"라는 말을 다시 떠올려보았다. '잘' 산다는 것은 무엇일까? 나는 그것이 '자족하는 삶'이라는 생각이 들었다. 타인의 삶의 방식을 따라가느라 열심히 사는 것이 아니라 내가 만족하고 행복하게 살 수 있는 삶의 기준에 따라 사는 것, 그것이 바로 내 삶을 사는 것이라고 말이다.

현재 일상에서 완전히 벗어나 살겠다고 결심하지 않아도 괜찮다. 나 자신에게 시선을 돌리는 것만으로도, 자족하는 삶이 무엇인지 고민하는 것만으로도 충분하다. 그러니 의도적으로 나의 눈을 바깥에서 안으로 돌려보고, 스스로에게 한 번 물어보자.

"지금 내 삶의 주인은 '나'인가?"

{사랑}

사랑에도 학습이 필요하다

에리히 프롬, 『사랑의 기술』,
문예출판사, 2019

나는 조건 없는 사랑이 무엇인지 알지 못했다. 그것을 느껴본 적이 없었기 때문이다. 내가 그토록 사랑에 집착하고 괴로워했던 건 '존재 자체만으로 사랑받지 못했다는 수치심' 때문이었다. 나는 나를 도저히 사랑할 수가 없었다. 그리고 그런 지경에 이르렀던 내 모습을 나는 하나도 빼놓지 않고 기억하고 있었다. 그래서 부모님, 특히 엄마에 대한 원망이 컸다. 이런 삶은 자꾸 나를 불행 속으로 밀어 넣었지만 나는 행복해지고 싶었다. 기왕이면 잘 살고 싶었다. 그러기 위해서는 나를 사랑해야 했고 사랑을 알아야 했다.

우리는 어떻게 하면 행복하게 살 수 있는지에 대해 이야기하고 나름대로 깊이 고민하기도 하면서, 어떻게 사랑하며 살 것인지에 대해서는 다 아는 것처럼 깊이 생각하지 않는다. 혹은 생각하더라도 연애 방법에 대한 조언을 여기저기서 구하는 정도이다. 모든 사람이 사랑에 만족을 느끼며 살기 때문일까? 그렇지는 않을 것이다. 많은 사람이 사랑 때문에 아파하고 괴로워한다. 사랑을 주고 싶은데 상대가 받아주지 않거나, 사랑을 받고 싶은데 상대가 사랑을 주지 않는다. 분명 많은 사람이 사랑에 실패하고 있다는 건 의심의 여지가 없다. 그런데도 우리는 왜 사랑의 기술을 배우려 하지 않는 걸까?

나는 왜 사랑 때문에 아직도 괴로워하는 건지, 내가 사랑에 대해 아직 모르고 있는 것은 무엇인지, 사랑을 실천하며 살기 위해 내가 해야 할 일은 무엇인지가 궁금했다. 이러한 물음을 가지고 읽은 책이 『사랑의 기술』이다. 나는 이 책을 읽으며 사랑을 알아가는 일과 사랑을 실천하는 일을 포기하지 말아야 함을 깨달았다. 그것이 나를 정신적으로 성숙하게 하고, 더 나은 사람으로 만들어줄 것이기 때문이다.

나는 아이에게 사랑한다는 말을 참 많이 한다. 아이가 잠에서 깬 순간부터 잠들 때까지 하루에도 수십 번을 사랑한다고 속삭인다. 내 입에서 사랑한다는 말이 이토록 자연스럽게 나올 줄이야. 나 스스로에게 놀랐다. 이러한 나의 모습에 엄마는 더 놀란 것 같다.

"너는 엄마한테 사랑한다는 말 한 번 한 적이 있니?"

아이의 백일잔치를 축하해주러 친정 식구들이 진주에 내려온 날 밤, 엄마는 나에게 뾰족한 말투로 물었다. 솔직히 엄마에게 이런 말을 들을 줄은 상상도 하지 못했다. 엄마의 입에서 나온 사랑이라는 말이 너무 어색하게 느껴졌고 당황스러웠다. 하지만 그것도 잠시, 나는 엄마에게서 사랑한다는 말 한마디 들어본 적이 없었다는 사실을 기억해냈다. 그러자 부아가 치밀었다. 결국 "그러는 엄마는 나한테 사랑한다는 말 한 번 해준 적 있어?"라고 딱딱하게 내뱉고야 말았다. 함께 웃고 떠들며 식사를 하던 자리였는데, 순간 침묵이 흘렀다. 나는 가까스로 마음을 누르며 쓰게 웃고 말았다.

나는 '엄마가 나한테 그런 말을 할 수 있는 입장은 아니잖아?'라고 생각했다. 그와 동시에 그 말은 엄마가 먼저 나에게 해주어야 한다고 생각했다. 뒤이어 나는 스스로 실망하고 말았다. '그렇게 책을 읽고 노력했는데도 크게 달라지지 않았구나' 싶어서였다. 나는 여전히 엄마의 사랑에 목마른 내면의 어린아이로부터 벗어나지 못한 미성숙한 어른이었다.

남편과 결혼하기 전에 나는 '독립'이라는 말을 자주 언급했다. 결혼이란 독립한 두 남녀의 결합이니 각자의 부모님으로부터 독립해야 한다고 말이다. 하지만 정작 독립하지 못한 사람은 나였다. 결혼하고 초반에 나는 엄마와 멀리 떨어져 살게 된 것이 기뻤다. 드디어 독립할 수 있게 되었다고 생각했다. 하지만 동시에 죄책감도 느꼈다. 엄마가 슬퍼하고 있다는 것을 알았기 때문이다. 그래서 엄마에게 하루에 한 번 안부 전화를 했다. 빼먹으면 안 된다고 생각했다. 엄마가 속상해할 테니까. 아이를 낳고는 하루에 두 번, 아침과 저녁에 영상통화를 했다. 멀리 떨어져 있는 손녀딸을 자주 보여주지 못한다는 죄책감에서였다. 내 몸이 힘들어도 의무적으로 해야 한다고 생각했다.

또한 나는 엄마에게 경제적인 도움을 주지 못한다는 사실에 죄책감을 느꼈다. 용돈을 더 주고 싶어도 그럴 수 없는 나에게 화가 났다. 그다음은 자연스레 이런 감정을 갖게 한 부모님을 원망하게 되었다. 그러고 나면 또다시 좌절했다. 그동안 성장을 위해, 사랑을 실천하기 위해 해온 나의 노력이 무색하게 느껴졌다. 쉽게 과거로 회귀하는 나를 알아차리는 순간이 참 괴로웠다.

아이가 생긴 후 나를 두렵게 만드는 말이 종종 떠올랐다. '사랑받지 못하고 자란 사람은 다른 사람에게 사랑을 주기 어렵다'라는 말이었다. 두려울 법도 한 게 그동안 내가 사랑해온 방식을 떠올려보면 맞는 말이기 때문이다. 나는 언제나 사랑받고 싶어 애를 썼고, 내가 준 만큼 상대에게서 사랑받기를 바랐다. 사랑은 사랑받을 만해야 받을 수 있다고 생각했다. 그런 조건적인 사랑은 내가 늘 부족한 사람이라는 수치스러운 생각을 하게 했고, 엄마의 기대를 충족시키지 못한 자식이라는 죄책감에 시달리게 했다. 이는 나 자신을 사랑하지 못하게 만들었다. 슬프게도 나는 나 자신을 사랑해야 한다는 사실조차 몰랐다.

책을 읽고 나의 한계를 지우려 애쓰면서 많은 변화가 있었지만, 여전히 사랑만큼은 나에게 해결되지 못한 문제로 남아 있었다. 책을 읽을 때는 희망에 부풀어 이 세상 모든 것을 사랑할 수 있을 것 같았다. 하지만 한 번씩은 내가 싫어지는 순간이 찾아왔다. 여전히 나의 내면에는 사랑에 대한 두려움이 존재하여 두려움과 희망이 번갈아 가며 나를 찾아왔다. 좋았다, 나빴다를 반복하는 내 모습에 지치기도 했다.

나는 무조건적인 사랑이 '정확히' 무엇인지 알지 못했기 때문에 두려웠고, 나를 사랑한다는 것이 '정확히' 어떤 느낌인지 몰라 막막했다. 그래서 결국 사랑이라는 이름으로 포장된 이기심을 계속 주면서 상대를 원망하는 건 아닌지 무서웠다. 무엇보다도 내 아이에게 그럴까 봐 불안했다. 육아서를 읽고, 다큐멘터리를 보았지만 '무조건적인 사랑'을 경험해보지 못한 사람이 그러한 사랑을 실천하기란 자꾸 주저앉고 싶을 만큼 어려운 일이었다.

그 결과 나는 아이와 함께 있을 때는 웃고 싶지 않아도 미소를 지었다. 아이에게 찡그린 표정, 화난 표정을 보이고 싶지 않았기 때문이다. 몸이 부서질 듯 아파도 아이의 "잉~" 소리에 번쩍 들어 안았다. 그러고 싶지 않아도 그래야 한다는 생각밖에 들지 않았다. 나는 아이에게 온전히 사랑을 주어야 하는 '엄마'이니까. 나는 미련하게도 그것이 무조건적인 사랑을 주는 방법이라고 생각했다.

하지만 그것이 건강하게 사랑을 주는 방법이 아니라는 것을 이제는 안다. 에리히 프롬은 다른 사람을 위해서만 살고, 자기 자신을 소중하게 여기지 않는 것을 자랑하며, 이것이 곧 사랑임을 믿는 사람은 삶에 적의가 가득하다고 말했다.

덧붙여 '비이기적'인 사람이라 여겨지는, '희생'하는 사람의 행위에는 사실 미묘하지만 아주 강한 자기 본위가 있다고 했다. 나는 그가 하는 말에 주목할 수밖에 없었다.

그 이유는 내가 엄마를 아주 많이 의식하고 있음을 알기 때문이었다. 나는 내가 아이에게 하는 언행이야말로 자식을 진정으로 사랑하는 부모의 모습이라는 걸 엄마에게 보여주고 싶었다. 그러니 내가 욕구를 참아내고, 웃고 싶지 않아도 억지로 웃어내던 것들이 설령 아이를 사랑하는 마음에 했던 일일지라도 어딘지 모르게 찝찝함이 남을 수밖에 없었다. 엄마에 대한 원망과 사랑받지 못한 나에 대한 분노가 남아 있어 그랬음을 어렴풋이 알고 있었기에 그러했다. 결국 나는 여전히 나 자신을 온전히 사랑하고 받아들이지 못하고 있다는 사실만 계속 확인하게 되었다.

『사랑의 기술』을 통해 사랑은 배워야 하는 것이고, 사랑을 실천하기 위해 계속 노력해야 한다는 것을 알았다. 그래서 나는 생각을 달리하기로 했다. 마냥 막막해하지 않기로, 계속 두려워만 하지 않기로 말이다. 우선은 조급하게 굴지 않기로 결심했다. 사랑을 실천하겠다는 생각만으로 어떠한 어려움도 없이 모든 대상을 사랑할 수 있으리라는 조급함을 버리기로 했다. 넘어지고 또 넘어지고 또 넘어져도 계속 걷기를 시도하다 보면 어느 날엔가는 결국 걷는 어린아이처럼 나도 사랑을 실천하기 위해 노력하고 또 노력하리라 다짐했다.

그리고 더 이상 사랑받기를 기다리지 않고, 대신 나를 사랑하는 것을 우선순위에 두기로 했다. 이를 위해 내가 아이의 반응을 민감하게 살피려고 애쓰는 것만큼 나 자신도 민감하게 돌보기로 했다. 내가 주는 사랑만큼 사랑받지 못하더라도 "그럴 수도 있지"라고 말할 수 있는 용기를 가지기로 했다. 나의 사랑이 언제나 옳을 수는 없다는 것을 아는 겸손함도 갖추기로 했다.

내가 과거에 나 자신을 포기하지 않고 바깥으로 걸어 나왔던 것처럼 이 또한 결국 해낼 거라고 믿는다. 사랑 없이는 살 수 없기에 나는 계속 사랑을 배우고 실천해나갈 것이다. 그렇게 내 삶의 본질에 더 가까이 다가가 사랑하며 살 것이다.

chapter

04

행복한 책 덕후의 독서법

{ 독서법 01 }

무조건 재미있어 보이는 책을 고르자

|

'매년 1월 1일, 올해의 계획을 세워본다. 독서하기는 항상 상위에 적는다. 하지만 아직 제대로 실천해본 적이 없다. 올 해만큼은 반드시 책을 읽어보리라 결심하며 꾹꾹 눌러 적는 다. 4차 산업혁명 시대가 다가오고 있는 이 시점에서 독서는 선택이 아니라 필수라는 말이 종종 들려온다. 살아남기 위 해 이제는 미루지 말고 독서를 해야 한다. 쇠뿔도 단김에 빼 랬다고 오늘부터 바로 시작해보기로 한다. 그런데… 무슨 책 을 읽지?'

많은 사람이 새해부터 호기롭게 독서를 해보겠다고 마음

을 먹는다. 하지만 그동안 독서를 등한시했던 사람들은 첫 번째 난관에 바로 부딪히게 된다. 대체 무슨 책부터 읽어야 할지 모르겠다는 것이다. 이를 바로 헤쳐나가지 않으면 독서를 하겠다던 새해 첫 결심은 다시 내년 결심으로 미뤄진다.

어렸을 때부터 책을 접했던 사람들은 책을 고르는 데 크게 고민하지 않을 것이다. 하지만 나와 같이 나이를 먹고 나서 책을 읽기 시작한 사람들은 책을 고르려고 하면 막막하다. 이제 독서 습관 좀 잡아보자며 힘 빡 주고 시작하는데 초반부터 난관에 부딪히니 김샌다. 그래도 책을 읽고자 하는 의지가 조금이라도 강한 사람들은 서점이나 도서관에 가거나 추천도서를 검색해본다. 그렇게 골라온 책들은 대부분 베스트셀러이다. 많은 사람이 읽었거나 추천하는 책들에는 그럴만한 이유가 있을 거라 생각하는 것이다.

그렇게 골라온 책이 모두 성공적인 것은 아니다. 베스트셀러나 많은 사람이 추천하는 도서가 좋은 책임은 분명하지만 처음 독서를 시작하는 사람들에게는 적합하지 않을 수 있다. 우선 호흡이 긴 책들이 많다. 좋은 책이라도 처음부터 호흡이 긴 책을 읽으면 '아, 나는 책하고는 안 맞나 봐' 하며 내던져버리고는 다시 책을 쳐다보지 않을 수도 있다. 겨우 마음먹고 책을 골랐는데 그런 불상사가 일어나서는 안 된다. 그래서 나는 누군가, 특히 독서 경험이 거의 없는 사람이 책을 추천해달라고 하면 쉽게 대답해줄 수가 없다. 대신 책을 고르는 방법은 몇 가지 제시해줄 수 있다.

첫째, 자신이 흥미 있는 분야의 책부터 경험해봐야 한다. 뼛속까지 문과생인 사람이 과학용어가 난무한 과학책을 읽기란 쉽지 않다. 그 책이 아무리 좋은 책이라도 읽다가 질려 내던져버릴지도 모른다. 그러므로 자신의 전공 분야든, 취미와 관련된 책이든 내가 조금이라도 재미있게 읽을 수 있는 책을 골라야 한다.

둘째, 쉽게 쓰인 책이어야 한다. 글자가 빼곡하고, 한 번 읽어서는 도저히 무슨 뜻인지 이해할 수 없는 책은 최대한 피하길 바란다. 욕심부리지 말고 천천히 가면 된다. 남들이 좋다고 하는 책이 무조건 내가 읽기에 좋은 책이 아님을 반드시 기억해야 한다.

셋째, 앞의 두 가지를 염두에 두고 꼭 서점이나 도서관에 가보기를 권한다. 책이 모여 있는 곳에는 책을 좋아하는 사람들이 모여 있기에 나도 책을 읽고 싶다는 생각이 들게 마련이다. 조금 시들해진 독서 의지를 끌어올리기 좋은 장소이다. 물론 인터넷 서점에서 사는 것도 좋지만 아직 독서 습관을 들이고 있는 경우라면 꼭 서점이나 도서관으로 가길 바란다. 내가 직접 손으로 만져보고 선택한 책은 더 정감이 가서 읽게 된다.

넷째, 관심 분야의 서가에 가서 책 제목을 쭉 훑어보다가 마음에 드는 책을 발견하면 목차를 한 번 펴본다. 목차에서 꽂히는 장 제목이나 소제목이 있으면 그 책의 앞부분을 읽어본다. 사람들의 손을 많이 타지 않은 것이라도 나에게 좋은 책이 최고의 책이다. 혹시나 베스트셀러에 현혹될 것이 걱정된다면 도서관으로 가면 된다. 큰 차별 없이(?) 나란히 꽂혀있는 책들을 보면 조금은 덜 불안해질 것이다.

앞에서 제시한 방법은 추천도서 목록을 보며 고르는 것보다 시간이 더 걸릴 수도 있다. 하지만 실패할 가능성이 훨씬 작고, 독서를 꾸준히 할 수 있는 계기가 된다. 그렇게 독서를 시작해서 습관으로 자리만 잡히면 욕심부리지 않아도 점점 내가 읽을 수 있는 책의 범위가 넓어지게 되어있다.

어떤 독서법에 관한 책을 보면 독서 습관을 잡기 위해 1년에 100권 혹은 3년에 1,000권을 정해서 읽으라고 조언하기도 한다. 목표를 달성했을 때의 성취감을 느껴보도록 하기 위함이다. 확실히 성취감을 느끼면 더 잘하고 싶어지니 효과가 있을지도 모르겠다. 그러나 나는 굳이 권수에 집착할 필요가 없다고 생각한다. 자칫 읽은 권수에 신경 쓰다가 더 중요한 걸 놓치게 될까 우려스럽다. 이럴 경우 책을 제대로 읽기보다는 책장 넘기기에 급급해질 수도 있다. 그보다는 하루에 혹은 일주일에 책 읽는 시간을 정하는 것이 좋다.

나는 재미있는 책을 읽는 것이 독서 습관을 들이는 데 가장 좋다고 생각한다. 그것이 특히 이야기책이면 더더욱 좋다. 사람들은 남의 이야기를 엿보는 데 흥미를 느끼게 마련이라 시간 가는 줄 모르고 읽게 된다. 나의 독서 습관을 잡아 준 책들은 추리 소설과 고전문학이었다. 이야기에 흠뻑 빠져든 나는 누가 시키지 않아도 매일 밥을 먹듯 책을 읽었다. 그 책들은 전부 나의 구미에 맞는 것들이었다. 권수나 시간을 정할 필요도 없이 틈나는 대로 최대한 읽었다. 의무감에서가 아닌, 재미로 읽는 독서로 자리 잡힌 습관은 아무리 어려운 책을 만나도 쉽게 무너지지 않는다.

혹시 내 삶을 변화시킬 수 있는 책이나 업무에 도움이 될 만한 책에 관심을 두지 않을까 걱정되는가? 단지 재미로만 읽고 그치지는 않을까 고민되는가? 솔직히 나도 그런 걱정을 했었다. 그러나 책을 읽고자 하는 '동기'만 있다면 걱정할 필요가 없다. 나에게 공부가 필요하다는 걸 깨달았을 때 나는 금세 다양한 분야의 독서를 시작했다. 이미 독서 습관이 자리 잡은 까닭에 쉽게 관심 분야가 확장되었다. 그러니 걱정말고 자신에게 즐거움을 주는 책을 먼저 읽도록 하자.

책을 읽는 건 결코 쉬운 일이 아니다. 매리언 울프는 『책 읽는 뇌』에서 독서는 인간이 선천적으로 가진 능력이 아니라 학습해야 하는 것이라고 했다. 게다가 글자를 읽어 내려가는 건 뇌의 다양한 부위를 고루 활용해야 하는 아주 머리 아픈 일이다. 그럼에도 사람들이 독서를 하는 이유는 책이 우리에게 주는 이로움 때문이다. 나는 기왕이면 그 이로움에 즐거움도 포함되기를 바란다.

『독서는 절대 나를 배신하지 않는다』의 저자 사이토 다카시는 그의 책에서 '어제보다 조금이라도 나아진 모습으로 살고 싶다면 책을 읽어야 한다'라고 말했다. 우리가 경험하고 배울 수 있는 지식과 경험은 매우 한정적이기 때문이다. 또한 그는 책을 끝까지 읽어야 한다거나, 어려운 책을 읽어야 한다는 압박에서 벗어나 나에게 즐거움을 주는 책을 읽는 것부터 시작하기를 권했다. 나도 그의 생각에 전적으로 동의

한다.

　나에게 즐거움을 줄 수 있는 책은 세상에 널려 있다. 그러니 고르기만 하면 된다. 그 책 한 권이 독서가의 삶으로 인도해줄 것이다. 당장 서점으로, 도서관으로 가자. 새해 결심으로 거창하게 계획을 세우지 말고 오늘부터 바로 시작해야 한다. 그것이 나의 인생에 전환점이 될 것이다.

{ 독서법 02 }

틈새 시간만 활용해도 한 달에 5권은 읽는다

"너무 바빠서 책 읽을 시간이 없어"라는 말에 공감하는가. 주위를 둘러보면 정말 바빠서 시간이 없어 보이는 사람들이 꽤 많다. 하지만 나는 그들에게 정말 자신에게 투자할 시간이 단 한 순간도 없느냐고 묻고 싶다. 시간이란 내가 만들어내고자 하는 의지와도 관련되어 있다고 생각한다.

정말 바쁜 와중에도 우리에게는 틈새 시간이란 것이 주어진다. 정말 말 그대로 5분, 10분의 '틈새' 시간이다. 이 짧은 시간에 무얼 할 수 있을까? 한 번 곰곰이 따져보면 생각보다 많은 일을 할 수 있음에 놀랄 것이다. 스트레칭을 할 수도 있고, 토막글을 적을 수도 있으며, 잠시 눈 감고 음악을 들으며 스트레스를 해소할 수도 있다. 물론 유튜브 영상을 볼 수도 있고, 스마트폰을 만지작댈 수도 있다.

이전에는 나도 이와 같은 일을 했다. 그중에서도 제일 많이 한 건 스마트폰을 보는 일이었다. 시간만 나면 별다른 목적 없이 습관처럼 폰을 들여다보는 일이 잦았다. 그런데 이 짧은 시간을 합쳐보니 결코 적은 시간이 아니었다. 나에게 아무런 도움이 되지 않을 일에 하루에도 1~2시간을 허비하고 있다는 것을 알고는 깜짝 놀랐다. 멍하니 흘려보내는 시간을 잡아야겠다는 생각이 들었다. 그래서 '틈새 시간에는 무조건 독서하기'를 시작했다.

짧은 시간이 주어지면 당장 눈앞에 보이는 것들을 하게 된다. 그래서 나는 어디를 가도 항상 책을 챙겨 다녔고, 잠시 틈이 생기면 자연스레 책으로 눈을 돌렸다. 나는 5분, 10분 동안에도 생각보다 많은 분량의 책을 읽을 수 있다는 사실을 알게 되었다. 게다가 몰입도 잘 되어 독서량이 늘었다. 직장 생활을 시작하고는 독서와도 멀어졌었는데 틈새 시간을 활용하니 금세 회복되었다. 하루 48시간이 주어져도 만족할 수 없으리라 생각했던 나였지만, 이제는 24시간을 알차게 보낼 수 있겠다는 생각이 들었다. 나에게 소중한 시간이 매일 주어짐에 감사하는 마음마저 생겼다.

고대 그리스 사람들은 시간을 둘로 나누었다고 한다. 시간의 양을 뜻하는 크로노스(Chronos)와 시간의 질을 뜻하는 카이로스(Kairos)이다. 우리에게는 하루에 24시간이라는 물리적인 시간, 즉 크로노스가 주어진다. 하지만 모든 사람이 이 시간을 똑같이 보내지는 않는다. 내 삶을 유의미하게 만들어주는 특별한 시간, 즉 카이로스가 존재하기 때문이다. 이 특별한 시간은 내가 시간을 관리하고 통제하며 시간의 주인이 되어야 누릴 수 있는 혜택이다. 바쁜 일상 속에서 나만의 특별한 시간을 갖는 일은 쉽지 않다. 의식적으로 노력해야 간신히 얻을 수 있는 시간이다. 나는 독서와 사색으로 그 특별한 시간을 누렸다.

그렇게 시간을 잘 쓰고 있던 나도 아이를 낳고는 무너졌다. 3개월 가까이 틈만 나면 잠을 자거나 스마트폰을 붙잡았다. 아이가 낮잠 자는 시간이 나만의 시간을 보낼 유일한 기회였다. 사실 아이가 태어난 지 80일까지는 같이 자느라 바빴다. 그러나 어느 정도 육아 패턴에 익숙해지면서 다른 일도 할 수 있게 되었다. 그런데 그 황금 같은 시간에 스마트폰이라니. 아이와 함께하는 시간은 소중하고 행복했지만 해 질 녘 창밖을 바라보면 허무해지곤 했다. 문득 이래서는 안 된다는 생각이 들어서 나는 다시 책을 읽기 시작했다.

아이가 낮잠을 자는 1~2시간 동안 집중적으로 독서를 했다. 독서 습관이 잘 잡혀있던 덕분에 오랜만에 책을 읽어도 낯설지가 않았다. 오히려 반가운 고향을 찾아간 듯 마음이 평온해지기까지 했다. 다시 독서에 탄력이 붙은 나는 하루에 더 많은 활자를 읽고 싶다는 욕구가 일었다. 잠을 줄이기는 체력적으로 너무 부담되니 독서 시간을 늘릴 방법은 바로 틈새 시간을 잘 활용하는 것뿐이었다.

나는 틈새 시간에 독서에만 집중하기 위해 먼저 책을 집 안 곳곳에 두었다. 거실 소파 위, 식탁 위, 화장실 문 옆, 침대 위 등에 책을 두고 틈이 나는 대로 읽기 시작했다. 아이가 잠시 혼자 놀 때, 화장실에서 볼일 보면서, 젖병을 소독하는 1~2분 동안, 심지어는 아이 모유 수유하면서도 책을 읽었다. 아이가 누워있기 싫어 울면 아기 띠를 하고 집안을 걸으며 책을 읽었고, 그러다 아이가 잠들면 나는 아기 띠를 한 채로 계속 읽었다.

그 결과 어린 젖먹이를 키우면서도 한 달에 책 5권 이상을 읽을 수 있었다. 틈새 시간을 잘 활용한 결과였다. 독서를 하는 대신 집안일에 좀 소홀하긴 했지만 책을 읽은 덕분인지 육아 우울증을 잘 극복해 나갈 수 있었다. 아이와 보내는 시간도 더 행복하게 느껴졌다. 긴 호흡으로 책을 읽지는 못했으나 오히려 짧은 시간에 틈틈이 읽으니 집중도 더 잘 됐다.

2017년 문화체육관광부가 발표한 '2017년 국민독서실태' 조사에 따르면 우리나라 성인 중 40%의 연간 독서량은 0권이고, 책을 읽는 사람들의 연간 독서량도 평균 8.3권이라고 한다. 그런데 한 달에 틈새 시간만 제대로 활용해도 5권은 읽을 수 있다. 1년이면 60권이다. 솔깃하지 않은가? 그냥 흘려보내기 쉬운 시간을 독서하며 얻을 수 있는 이익은 어마어마하다. 그걸 생각하면 틈새 시간을 활용하지 않을 수 없을 것이다. 직장 일로 너무 바빠 책을 읽을 수 없다면 출퇴근 시간을 적극적으로 활용해보자. 자차로 움직여야 한다면 책을 읽어주는 CD나 오디오북을 들으면 된다. 대중교통을 이용한다면 독서하기가 더 쉽다.

아이를 키우느라 정신없어서 독서할 시간이 없다고 말하지 말자. 아이를 키우는 부모라면 더더욱 책을 읽어야 한다. 육아 카페에서 정보를 얻는 것도 나쁘지 않지만 책을 읽으면 나만의 육아 기준, 철학을 세울 수 있다. 아이가 낮잠 자는 시간에 금세 다시 어지러워질 방을 청소하는 것보다 잠시라도 책 읽는 시간을 갖는 것이 더 유익하다. 커피 한 잔 마시며 독서하는 시간이 얼마나 황홀한지 경험해보길 바란다.

공부하느라 바빠서 책 읽을 시간이 없다는 이야기를 들으면 너무나 안타깝다. 공부는 교과서와 참고서로만 할 수 있는 게 아니다. 독서가 모든 공부에 이로운 결과를 낸다는 사실은 많은 전문가가 누차 밝혀왔다. 당장 급해 보이는 공부를 하느라 바쁘겠지만, 그럴수록 틈새 시간에 독서를 하면 학습에 도움도 되고 심지어 기분 전환까지도 할 수 있다.

요즘에는 책을 접하기 더 쉬워졌다. 신간을 전자책으로 읽을 수 있고, 오디오북으로 들을 수도 있다. 많은 북튜버가 책을 읽어주기도 한다. 가방이 무거워서, 시간이 부족해서 책을 읽을 수 없다는 핑계를 대기가 점점 더 어려워지고 있다. 마음만 있으면 언제, 어디에서든지 독서를 할 수 있다.

{독서법 03}

함께 읽으면 더 많이 얻는다

『모두의 독서모임』,『독서모임 꾸리는 법』,『독서에 미친 사람들』,『간호사 "독서모임" 해봤니?』,『독서모임, 같이 가치를 만들다』 등은 2019년도에 출간된 독서모임 관련 책이다. 독서모임으로 검색해서 2019년도에 출간된 책들만 나열한 것이니 이외에도 독서모임을 다룬 책들은 많을 것이다. 이처럼 독서모임과 관련된 책들을 나열한 이유는 '독서모임이 얼마나 중요하기에 책으로까지 나오는 걸까?'를 생각해보았으면 하는 바람에서다.

책 제목에 달려 나올 정도로 독립된 주제로서 독서모임이 강조되고 있다. 나는 독서모임을 해보지 않은 사람들에게 이 한마디를 꼭 전하고 싶다.

"독서모임에 한 번도 참여하지 않은 사람은 있어도 한 번만 참여하고 마는 사람은 없을 것이다."

내가 이토록 단언할 수 있는 건 그만큼 매력 있는 모임이기 때문이다. 나는 꽤 오랫동안 골방 독서를 했다. 혼자 책을 읽고, 홀로 생각들을 간직했다. 독서를 시작하고도 한참을 누군가와 함께 책을 읽고 이야기를 나눈다는 건 생각해보지 못했다. 내 생각을 입 밖으로 꺼내는 일이 쑥스럽기도 했고, 한편으로는 두려웠다. 내 생각이 누군가에게 이리저리 평가될 거라는 두려움은 '그래도 한번 해볼까?' 하는 용기를 내려는 나를 주춤거리게 했다. 모임에 참여하려면 타인과 직접적인 관계를 맺는 일도 필요하다. 여전히 타인과 관계 맺기에 소홀했던 나는 외롭더라도 차라리 혼자 읽는 편이 낫겠다며 단념했다.

그랬던 내가 독서모임에 참여하게 된 건 결혼하고 1년이 지난 시점이었다. 교대 4년, 결혼 후 1년을 진주에 머물렀지만 가끔 이곳이 낯설게 느껴졌다. 그럴 때면 참 외로워졌다. 평소 남편의 퇴근이 늦어 함께 식사할 시간이라고는 주말밖에 없던 터였다. 그래서 평일에는 더욱 쓸쓸했다. 이제는 뭔가 새로운 소통의 창구가 필요하다고 생각했다. 기왕이면 내가 좋아하는 '책'을 매개로 소통할 수 있는 자리를 찾고 싶어서 독서모임에 참여해봐야겠다는 생각을 했다.

어느 날, 퇴근 후 집에서 홀로 인터넷을 하고 있을 때였다. 종종 들어가던 지역 카페에 올라온 글들을 살피다 독서모임을 모집하는 글 하나를 보게 되었다. 이미 한 번의 모임을 진행했고, 인원을 충원하고자 올린 글이었다. 나는 모임이 어떤 식으로 진행되는지 꼼꼼히 살펴봤다. 모임 장이 책을 선정하고, 모임 전에 발제문을 띄워주면 참여하는 사람들은 질문에 대한 자신의 답을 준비해가는 방식이었다. 책을 깊이 있게 읽을 수 있겠다는 생각에 구미가 당겼지만 쉽사리 결정하지는 못했다. 이틀 정도 더 고민해본 후에 모임 장에게 메시지를 보냈고, 그렇게 독서모임에 참여하게 되었다. 나는 독서모임에 참여하면서 독서모임의 여러 장점을 비로소 체득하게 되었다.

첫째는 다양한 책을 접하게 된다는 것이다. 혼자 독서를 했다면 절대 읽지 않았거나 한참 뒤에야 우연히 읽게 되었을 책들을 만나게 되었다. 그것만으로도 독서모임에 참여해야 할 이유가 충분한 듯했다. 『모순』, 『인간실격』, 『동물농장』, 『행복의 기원』, 『고도를 기다리며』, 『공산당 선언』, 『군주론』, 『삼미 슈퍼스타즈의 마지막 팬클럽』, 『설국』, 『양의 탈을 쓴 가치』, 『아몬드』, 『브람스를 좋아하세요...』, 『어린 왕자』, 『목로주점』, 『이상한 나라의 사각형』, 『고래』, 『百의 그림자』, 『달과 6펜스』 등 모임을 하며 읽었던 책은 모두 나의 기억에 뚜렷하게 남아 있다.

둘째는 새로운 관점을 접하게 된다는 것이다. 나는 같은 책을 읽고도 이처럼 다양한 의견을 가질 수 있다는 사실에 놀라곤 했다. 전혀 예상치 못했던 말을 듣거나 적절한 근거를 대며 상반된 생각들을 주고받는 것을 볼 때마다 '이게 바로 독서모임의 묘미구나'라고 생각했다. 모임 구성원들이 다양한 만큼 이야기의 주제도 다양해졌다. 책 한 권으로 이렇게나 많은 주제의 이야기를 다룰 수 있다는 것이 놀랍다. 이건 직접 경험해보지 않으면 절대 알 수 없다.

셋째는 새로운 관계가 만들어진다는 것이다. 그것도 아주 유익하다. 나는 결혼을 하고 직장 생활을 하며 관계가 넓어진 것이 아니라 오히려 좁아진 것 같은 느낌을 받았다. 공유하는 경험도 비슷하고 매일 하는 이야기도 똑같아 새로울

게 하나 없는 듯했다. 나는 독서모임을 통해 다양한 사람을 만나면서 이 관계 권태기를 극복했다. 나와 다른 일상을 보내는 사람들의 이야기는 언제 들어도 흥미로웠다.

넷째는 책을 더 꼼꼼하게 읽게 된다는 것이다. 내가 참여한 독서모임은 발제문이 주어지기에 반드시 책을 다 읽고, 질문에 대한 답을 정리해가야 했다. 나는 생각을 정리하기 위해 질문을 끌어낸 책의 내용을 꼭 두세 번씩 반복해서 읽었다. 그 덕분에 희미했던 생각들을 선명하게 끌어낼 수 있었다. 나의 사고는 더욱 풍부해졌고, 점차 내 생각을 타인에게 밝히는 일이 어렵지 않게 되었다. 발제문이 주어지지 않더라도 책을 꼼꼼히 읽을 수밖에 없다. 그렇지 않으면 할 수 있는 말이 별로 없기 때문이다. 혹 초반에는 대강 책을 읽고 갔더라도 점차 대화에 적극적으로 참여하고 싶어 열심히 읽는 자신을 발견하게 된다.

마지막으로 독서모임의 가장 좋은 점은 평소라면 절대 하지 않을 이야기를 하게 된다는 것이다. 누군가에게 털어놓고 싶지만 일상의 주제로 내놓기에는 무겁고 다소 부끄러운 말도 독서모임에서는 할 수 있게 된다. 책을 매개로 어떤 주제의 이야기도 털어놓을 수 있다. 나는 숨겨두었던 생각들을 풀어놓는 일이 일종의 카타르시스가 될 수 있음을 처음 알게 되었다. 독서모임을 하며 얻게 된 가장 큰 수익이다.

나는 출산하기 전까지 독서모임에 11개월간 참여했다. 임신한 몸으로 거제도에 출퇴근하는 것만으로도 피곤했지만, 독서모임에 참여하는 건 나에게 힐링 시간이 되었다. 그래서 만삭이 되어서도 참여했다. 아이를 출산하고 난 후에는 모임에 참석하지 못했다. 그러나 즐거웠던 독서모임의 기억을 떠올리는 건 어렵지 않았다. 집 책장에 꽂혀있는 책들을 보며 함께 나누었던 이야기들을 지금도 곱씹어 보곤 한다.

나는 그때의 기분을 다시 느껴보고 싶어 온라인 독서모임을 찾아보았다. 온라인 독서모임은 시간과 공간의 제약이 없어 어린 아기를 키우는 사람들이나 너무 바빠 오프라인 독서모임에 참여하기 어려운 사람들에게 좋다. 나는 몇몇 온라인 독서모임에 참여하며 많은 책을 읽고 다른 사람들과 생각을 공유했다. 오프라인과는 달리 비대면 모임이어서 바로 피드백을 주고받을 수는 없어 아쉬운 점도 있었다. 하지만 당장 오프라인으로 참여할 수 없는 갈증을 조금이나마 해소할 수 있어 만족스러웠다.

지금은 다시 오프라인 독서모임에 참여하고 있다. 아이를 남편에게 맡기고 잠시나마 나갈 수 있겠다는 생각이 들어 바로 독서모임을 찾았다. 이번에는 내가 리더가 되어 참여 중이다. 지역의 오프라인 독서모임이 대부분 평일 저녁에 이루어져 참여하기에는 무리라는 생각이 들었다. 목마른 사람이 우물을 판다고 결국 주말 저녁으로 독서모임을 만들었다. 처음에는 주말 저녁이라 인원 모집이 안 될지도 모른다는 걱정을 했으나 다행히도 인원이 모여 재미있게 시간을 보내고 있다. 나는 한 달에 두 번 모이는, 독서모임 날을 손꼽아 기다린다.

혹시 아직도 혼자 책을 읽고 있다면 독서모임에 참석해보길 권한다. 골방 독서로는 결코 얻을 수 없는 값진 경험을 선물로 받게 될 것이다. 경청과 공감, 수용, 인내, 포용, 우정, 관조, 겸손 등 값진 가치도 함께 따라온다. 사고의 깊이를 더하고 생각을 확장하고 싶다면 더 말할 것도 없다. 독서를 통해 저자뿐만 아니라 또 다른 타인과도 연결될 수 있음을 느껴보고 싶다면, 더욱 건설적인 대화로 가슴 두근거리는 경험을 해보고 싶다면 지금 바로 독서모임을 찾아보길 바란다.

{ 독서법 04 }

책은 지저분하게 볼수록 가슴에 남는다

상전도 이런 상전이 없다. 그것을 대할 때는 행여나 작은 구김이라도 갈까 조심히 손대야 했으며, 다른 사람에게는 절대 보여주지 않았다. 처음 만난 그대로의 모습을 간직한 빳빳하고 흐트러짐 없는 모습이다. 나는 병적으로 책을 깨끗이 봤다. 누가 내 책에 손댈세라 철저히 단속했고, 책을 보고 싶으면 나한테 꼭 허락받으라고 했다. 가족도 예외는 아니었다.

언젠가 아빠가 내 책을 빌려 읽기 시작했다. 회사가 문을 닫아 한창 아빠의 마음이 힘들 때였다. 밖에 나가서 시간을 보내는 것에도 한계가 있고, 집에 가만히 있으려니 괴로우셨

나 보다. 내 방에 들어와 책 한 권씩 가져가시는 걸 일단 모른 척했다. 책을 읽으며 괴로움을 털어낼 수만 있다면 그깟 책 좀 빌려드리는 게 무에 그리 대수겠는가 싶었다.

그런데 얼마 뒤, 화장실을 이용하려고 들어갔는데 내 책이 욕조 위에 놓여있는 게 아닌가. 화장실에 있는 거야 그럴 수 있다고 해도 욕조 위에 있다니? 이미 한눈에 보기에도 책이 흠뻑 젖어있었다. 그 책은 새빨간 표지가 매력적인 『체 게바라 평전』이었다. 나는 화가 치밀어 올라 "아빠! 책을 여기에다 두면 어떻게 해! 책이 다 젖었잖아!" 하고 큰 소리로 말했다. 아빠는 겸연쩍어하시며 "아니, 그게 왜 그렇게 됐지"라고 하셨다. 가뜩이나 축 처진 아빠의 어깨가 더 처진 것 같아 나는 그만 힘이 쏙 빠져버렸다. 이미 젖어버린 책인데, 아빠에게 화를 내서 달라질 것도 없고 말이다. 나는 그 책을 안방에 두고 내 방으로 들어가 버렸다. 책을 읽는 데에는 아무런 문제가 없었지만, 그 책을 소유하고 싶은 마음이 사라져 버렸다. 나는 그렇게나 책을 소중히 다뤘다.

뽀얀 속지에 얼룩 하나 없이, 손자국 하나 없이, 구김살 하나 없이 새 책 그대로 보존된 모습을 보고 있노라면 참으로 뿌듯했다. 비록 독서하며 맛있는 음식이나 커피마저 먹을 자유를 누리지 못했지만, 종이를 쫙 펼치지 못해 양손 모두 편치 못한 자세로 읽어야 했지만 책만 깨끗하다면 나는 만족스러웠다. 이렇게 애지중지했건만 그 책들은 대부분 내 손을 떠났다. 나는 진정으로 소유하지 못한 책들 대부분을 중고로 처분했고 지금은 처분할 수 없는 책들만 남아 있다.

지금의 내 책들은 더 이상 상전 취급을 받지 못한다. 이리저리 귀퉁이는 접혀있고, 밑줄이 쫙쫙 그어져 있으며, 메모로 빼곡히 채워져 있다. 그렇게나 깨끗하게 책을 보던 내가 이제는 지저분하게 읽는다. 그렇게 된 데에는 이유가 있다. 집에 500여 권의 책이 있을 때였다. 책장에 다 꽂히지도 않아 책상 위에 벽처럼 쌓아 놓은 책들(심지어 띠지도 그대로 유지된 상태)을 보며 뿌듯하게 바라보고 있던 어느 날이었다. 그 책들을 눈으로 쭉 훑고 있는데 "어라?" 하는 소리가 절로 났다. 분명 읽은 책인데 무슨 내용이었는지 전혀 기억나지 않는 게 아닌가. 그중에는 읽은 지 불과 며칠 안 된 책도 있었다. 그래도 꽤 긴 시간을 들여 독서를 했건만 남는 게 없다니, 주인공 이름마저 기억이 안 나다니 너무 충격이었다.

어떻게 하면 효과적으로 독서할 수 있을지를 고민하다 독서법에 관한 책들을 읽게 되었다. 그중 『본깨적』을 읽고 바로 적용해보기로 했다. 책에 밑줄을 긋고, 펜으로 메모를 한다는 것이 탐탁지 않았지만 일단 시키는 대로 했다. 책 곁에 플래그와 형광펜, 검은색·빨간색·파란색 펜을 두고 책을 읽기 시작했다. 먼저 마음에 드는 구절에 형광펜으로 밑줄을 그었다. 그다음 검은색 펜으로 책의 제일 상단 여백에 '본'이라고 적은 후 밑줄 그은 글을 요약·정리하여 적었다. 그리고 하단 여백에는 파란색 펜으로 '깨'라고 적은 후 글을 읽고 든 생각을 적었다. 혹시 적용하고 싶은 점이 있으면 하단 여백에 빨간색 펜으로 '적'이라고 쓴 후 메모해두었다. 그러고는 플래그를 붙여두었다.

이런 과정을 거치며 책을 읽다 보니 확실히 이전보다 읽는 속도가 느려졌다. 하지만 책 한 권을 그렇게 읽고 나니 비로소 내 것이 되었다는 생각이 들었다. 처음에는 힘들었지만 점점 나의 손을 탄 책을 보는 게 좋아졌다. 책에 바로 메모하며 읽을 때만 가질 수 있는 이점도 몇 가지 알게 되었다.

첫째, 떠오르는 생각을 바로 적을 수 있어 휘발되는 생각을 붙잡을 수 있었다. 둘째, 인상 깊은 구절이 책에 표시되어 있으니 재독할 때 시간이 단축되었다. 그 부분만 읽으면 책 한 권의 내용이 저절로 떠올랐다. 셋째, 재미있는 구절을 시차를 두고 읽었을 때 생각의 차이를 발견하게 되었다. 이전에 읽으면서 했던 생각과 후에 읽으면서 든 생각이 달라진 것을 발견하는 건 재미있는 일이었다. 내 생각이 어떻게 발전되고 정교해졌는지를 알 수 있어 독서의 참맛을 느낄 수 있었다.

지금은 더 간소하게 준비물을 갖추고 책을 읽는다. 책 곁에는 딱 하나, 연필만 있다. 예쁘고 깔끔하게 쓰려는 습관이 책을 읽는 데 방해되었기 때문에 책을 읽다 마음에 드는 구절이 있으면 연필로 밑줄을 쭉 긋는다. 그러고는 밑줄 그은 구절을 다시 읽으며 순간적으로 떠오르는 생각을 근처 여백에 마구 써 내려간다. 글씨나 줄이 비뚤어져도 상관하지 않고 쓴다. 휘발되는 생각을 빠르게 포착해 여백에 채우는 것이 더 중요하기 때문이다. 메모를 하고 나면 책 귀퉁이를 접어놓고, 나중에 접어놓은 부분만 다시 읽는다.

이렇게 책을 지저분하게 읽으면서 더 깊은 독서를 하게 되었다. 그냥 눈으로 읽을 때와는 차원이 다른 독서이다. 그렇게 책을 읽으면서 나는 내면 아이를 발견했고, 상처를 치유했으며, 일에 관련된 좋은 아이디어도 떠올렸다. 책을 읽으며 내 미래를 함께 그린 것은 덤이다. 정말 신기한 것은 책에 메모하다 보면 그 책이 진짜 나의 소유가 되었다는 걸 느끼는 것이다. 책의 내용에 내 이야기가 덧씌워지는 걸 보면 몸에 소름이 돋는다. 다음은 『싯다르타』를 읽다 순간적으로 떠오른 생각을 메모한 것이다.

'어떠한 책도, 지혜로운 이의 말도 나의 근원적인 샘물을 찾아주지 않는다. 다만 찾아가는 길의 안내자 역할만 할 수 있을 뿐이다. 결국 발견하는 건 내 몫이다. 책 속에서 그리고 타인의 생각에서 좋아 보이는 것들을 흉내 낼 수는 있다. 그것이 진정 내가 원하는 것이고, 나를 완전하게 만들어주는 것이라고 스스로 속일 수도 있다. 하지만 나는 안다. 그게 나를 불안과 두려움에서 벗어나게 해주지 못하거니와 한 번씩 드는 의심과 의문을 잠재우지 못한다는 것을. 그래서 나는 계속 탐구하는 중이다. 이 탐구는 아마 끝이 나지 않을 것이다. 누군가 말하는 '완전히 내가 되는 것'은 내가 찾아야 하고, 이게 완성되는 건 몹시 어려운 일이기 때문이다(사실 가능하기는 할까 싶다). 완전한 나로 살기는 어려워도 완전한 나로 살기 위해 노력하며 살고 싶다. 그러니 타인의 샘물이 내 것이라 속이지 말고, 내가 자신에게 말하는 내면의 목소리에 더 집중하며 살자.'

단 한 구절이라도 내 이야기가 남게 되는 책은 그 자체로 엄청난 가치가 있다. 한 권, 한 권이 나의 인생책이 된다. 그 래서 나는 책을 지저분하게 보라고 추천하고 싶다. 중고서점 에 팔기 위해 책을 읽는 것이 아니라면 더더욱 그러하다. 눈 으로만 읽을 때와 책에 메모하며 읽을 때의 차이를 확실히 경험할 수 있다. 그동안 내가 엄청난 가치를 지닌 나의 생각 을 얼마나 많이 흘려보냈는지 알게 될 것이다. 진즉에 이렇 게 읽지 않았음을 후회하게 될지도 모른다. 나의 생각이 마 음껏 책 속에 활개를 치도록 내버려 두자. 그럴수록 분명 변 화를 느끼게 될 것이다.

$\smile$

{ 독서법 05 }

연필로 꾹꾹 눌러쓰는 즐거움에 빠져보자

‘아, 분홍색 펜 있는데…. 이걸 사, 말아?’

형형색색 빼곡하게 꽂혀있는 펜 진열대 앞에서 한참을 망설인다. 한동안 노려만 보다가 결국 뽑아서 하얀 종이 위에 죽 그어본다.

‘어라? 분홍색인데 색감이 좀 다르네?’

결국 색감이 ‘조금’ 다르다는 이유로 구매를 결심한다. 사기로 했으면 바로 계산대로 가면 될 것을 나는 또 다른 필기구를 만지작댄다. 그냥 사고자 하는 충동과 그만 사자고 억누르는 절제 사이에서 고민하며, 그렇게 또 문구점에서 오랜 시간을 보낸다.

학창시절에 노트 필기 좀 해본 사람은 안다. 그 당시에는 용돈으로 사치 부릴 수 있는 것 중 하나가 필기구 사재기였다. 아까워서 혹은 너무 많아서 다 쓰지도 못할 온갖 색깔의 펜을 사는 것도 모자라 여러 브랜드의 펜, 굵기만 다른 펜, 심지어는 형광펜에도 눈이 돌아갔다. 그 결과 내 필통에는 기하급수적으로 펜이 늘어났다. 간혹 친구 필통에 못 보던 펜이 있으면 어찌나 갖고 싶던지. 나는 참새가 방앗간에 드나들 듯 문구점에 갔다.

펜뿐만 아니라 포스트잇, 샤프, 지우개 등 온갖 필기구가 다 갖고 싶어 손이 간질간질했다. 오죽하면 문구점 딸이 되고 싶다는 생각까지 했을까. 다 쓰지도 못한 필기구가 책상 서랍 한가득인데 새로운 필기구는 자꾸만 늘어갔다. 예쁜 필기구를 사서 처음 개시할 때의 기쁨이 너무 컸다. 손이 아프게 필기를 해야 하는 상황까지도 즐겁게 했다. 욕심을 덜어내기가 참으로 어려웠다.

이상하게도 그때는 연필에 흥미가 없었다. 아마 초등학교 때 줄기차게 쓴 터라 질려서 그랬는지 눈길이 가지 않았다. 추억에 젖어 한 번 써볼 법도 한데 늘어나는 건 샤프뿐이었다. 연필에 관심을 두게 된 계기는 교사가 된 후이다. 아이들이 자리를 비운 초등학교 교실을 한 번만 둘러봐도 그 이유를 단번에 알아챌 수 있다.

저학년 담임이 된 나는 매일 학교에서의 일과를 교실 청소로 마무리했다. 물론 아이들이 각자 맡은 구역을 책임지고 청소하지만 아직 덜 여문 손길에 마지막 정리가 필요했다. 매일 교실 청소를 하면서 나는 한 두 개씩, 많은 날은 대여섯 개씩 연필을 습득하게 되었다. 주인을 잃은 연필은 분실물 바구니에 쌓여 가다 못해 내 책상에 올려둔 펜꽂이에도 한가득 자리를 차지하기 시작했다. 한 달이 지나도, 두 달이 지나도, 학기가 끝나가도 연필은 주인을 잃은 채 남아 있었다. 찾아가라고 아무리 얘기를 해봐도 아이들은 연필을 잃어버렸다는 사실을 기억에서 지운 듯했다. 자신의 필통에 연필 한 자루 남아 있지 않은 걸 발견했을 때나 찾으러 오곤 했다. 물론 그 수는 매우 적었다.

펜꽂이에 무수하게 꽂혀있는 연필을 매일 보게 되니 꼭 한 번씩은 꺼내게 되었고, 반드시 볼펜을 사용해야 하는 경우가 아니라면 연필을 더 자주 쓰게 되었다. 휴대용 연필깎이도 구입하여 필통에 넣어 두었다. 뭉툭하게 닳은 연필심을 뾰족하게 만들어 쓰는 재미에 점점 빠져들었다. 이런 내 모습을 보고 아이들도 종종 앞으로 나와 연필을 깎아달라고 했다. 한 번 연필을 쓰고 난 후부터는 자주 쓰게 되었다. 내가 연필을 쓰기 시작하면서 "학교에서는 샤프 말고 연필을 써야 하는 거야"라고 말하는 아이들이 많아졌다. 굳이 본보기가 되기 위해 쓰기 시작한 건 아니었지만 결론적으로 그렇게 되었다.

연필을 사용하며 볼펜이나 샤프를 쓰면서는 느낄 수 없는 감각을 다시 찾게 되어 좋았다. 종이와 연필심이 마찰하며 내는 사각거리는 소리와 연필을 깎을 때마다 올라오는 나무 냄새는 다소 귀찮을 수 있는 행동도 즐기며 할 수 있게 만들었다. 연필을 제조한 회사마다 혹은 연필심의 강도에 따라 쓰는 느낌이 부드러울 수도, 단단할 수도 있다는 것 또한 매력적이라는 생각이 들었다.

그러다 정말 우연히 연필 관련 인터넷 카페를 발견하게 되었다. 카페에 가입하고 글을 찬찬히 훑어보면서 연필의 종류가 내가 생각했던 것보다 다양하다는 사실을 알게 되었다. 마침 책에 메모할 때는 연필을 사용하고 있던 터라 카페에서 추천해준 갖가지 연필을 사기 시작했다. 기타 연주에 흠뻑 빠져 있는 사람은 좋은 기타를 갖고자 하고, 걷기를 즐기는 사람은 좋은 운동화를 신고자 하는 것처럼 나는 메모를 더 즐기기 위해 나에게 맞는 좋은 연필을 찾기 시작했다. 비싸고 역사가 있는 연필도 물론 좋았지만 이 연필 저 연필 쓰다 보니 많이 써도 손이 피로하지 않고, 너무 무르지 않은 연필이 나에게 좋은 것임을 알게 되었다. 그래서 나는 주로 B나 HB 혹은 F 경도의 연필을 사용하고 있다.

좋은 도구를 사용하게 되어서인지 메모 독서에 더욱 탄력이 붙었다. 독서 노트에는 펜을 사용하여 기록하고, 책에 메모할 때는 무조건 연필을 사용하고 있다. 곧 사라질지도 모를 생각을 붙잡아 글로 옮기면서 간혹 글자를 잘못 쓰기도 하고 비뚤어지기도 하는데 연필을 사용하니 부담스럽지 않았다. 신기하게도 펜으로 정성 들여 쓴 글씨보다 연필로 대강 쓴 글씨가 더 예쁘게 보였다.

그리고 무엇보다 좋은 점은 연필로 메모하면 네 가지 감각을 만족시킨다는 것이다. 보드랍고 동글동글한 글자를 보며 시각적인 만족, 연필심을 감싸고 있는 몸통의 나무 냄새를 맡으며 후각적인 만족, 연필심과 종이가 부드럽게 마찰하며 손으로 전달하는 느낌의 만족, 마지막으로 사각거리는 소리로부터 오는 만족이다.

어떤 이는 쓰고 지울 수 있는 자유가 연필의 장점이라고 말한다. 이 자유로이 쓸 수 있는 장점이 창의성과도 연결된 다는 점에서 나는 동의한다. 펜은 자칫 실수할 수 있다는 부 담감에 자유로이 뻗어 나가는 생각에 제동을 걸기도 한다. 그래서 나는 펜보다 연필로 메모할 때 생각의 자유를 맘껏 누린다. 그 순간만큼은 다른 어떤 것도 내 관심을 돌릴 수 없 다. 단지 번뜩이며 떠오르는 생각과 그에 집중하며 움직이는 연필에만 신경이 쏠릴 따름이다.

다산 정약용과 성호 이익이 위대하고도 방대한 기록물을 남길 수 있었던 방법 중의 하나는 '질서(疾書)'이다. 질서란 빨 리 쓴다는 뜻이다. 나는 이 질서를 가장 잘 구현할 수 있도 록 돕는 도구가 연필이라고 생각한다. 그래서 연필로 메모 해 보길 추천한다. 종이 위에 꾹꾹 눌러 적는 즐거움을 분명 느 끼게 될 것이며, 메모 독서에도 더욱 활력을 줄 것이다.

반드시 질문을 남기자

배운다는 것은 무엇일까? 우리는 이 세상을 살아가기 위해 의무적으로 배워야 한다는 것을 알고 있다. 원하든 원치 않든 내 삶에서 배움을 가까이 두어야 함을 안다. 그래서 우리는 학교에 다녔고, 여기저기에서 배움을 실천하고자 했다. 그런데 참 이상하다. 배움과 그토록 가까이 있음에도 정작 배움이 무엇인지 좀처럼 생각해보질 않는다.

전성수 작가는 『부모라면 유대인처럼 하브루타로 교육하라』에서 배운다는 것을 '의문에 대한 답을 찾아가는 과정'이라고 했다. 즉 배움은 질문으로부터 시작된다는 것이다. 그의 글을 읽다 보니 또다시 의문이 하나 떠올랐다. 그렇다면 나는 그동안 제대로 배워왔다고 말할 수 있을까?

나는 질문하기를 참 싫어했던 사람이다. 그래서 타인에게도, 심지어 나에게도 질문하기를 꺼렸다. 타인에게는 내 무지가 드러나는 게 부끄러워서 못했고, 나에게는 생각이란 걸하기 싫어서 하지 않았다. 호기심은 인간의 본성인지라 내속에도 분명 질문하고 싶은 본능이 있었을 텐데, 언제부터인지 알 수 없지만 나는 본성을 잊었고, 질문하는 본능도 잃었다. 그 탓에 타인의 삶에 떠밀리듯 살았지만 결국 호기심을되찾은 건 한참 뒤의 일이었다.

독서를 하면서 도움을 많이 받았지만 어느 순간 제자리걸음만 하는 나를 발견하게 되었다. 분명 독서를 하는 행위 자체가 설레고 좋았다. 그러면서도 어떤 때는 공허하게 느껴졌다. 이유를 몰라 답답하던 차에 한 온라인독서프로젝트에참여하게 되었다. 나는 그 독서프로젝트를 해나가면서 내가느낀 공허함의 이유를 발견할 수 있었다. 그건 바로 질문의부재였다.

책이 나를 구원해주었기에 나는 책을 맹신했고, 조건 없이 수용하기 바빴다. 왜 그렇게 생각하고 행동해야 하는지

의문을 갖지 않았다. 내 생각은 어떤지 묻지 않았다. 그저 감탄하며 읽어 내려갈 뿐이었다. 새로운 정보 혹은 알고 있지만 잊고 지냈던 사실들을 발견하는 데에 급급해 질문을 통한 깊이 있는 사색을 하지 않았다. 질문독서프로젝트에 참여하면서 나는 저자의 의견에 대해 어떻게 생각하는지, 내 마음속에서는 무슨 말을 하고 있는지를 나 자신에게 묻기 시작했다. 이로써 나에 대해 더 깊이 탐구하게 되었다.

나는 『자존감 수업』을 읽으며 하루 동안 내가 느낀 감정을 물었고, 버리고 싶은 마음 습관이 무엇인지 물었다. 『혼자 사는 즐거움』을 읽으면서는 현재 내 삶의 속도와 방향, 무게는 어떠한지 물었다. 『여덟 단어』를 읽으면서는 '다름'을 두려워하지 않기 위해서 어떻게 해야 할지 물었다. 『나로 살아가는 기쁨』을 읽으면서는 나를 진정으로 사랑한다는 것이 어떤 의미인지 물었고, 내 곁에 수시로 얼쩡대는 두려움의 이유를 물었다. 이 외에도 나는 최근 2년간 읽은 책마다 꼬박 질문하며 그에 대한 나름의 답을 메모했다. 질문을 하면 할수록 사색의 질은 향상되었고, 이는 내 삶에 큰 영향을 미쳤다.

책을 읽으며 나에게 질문하는 것에서 더 나아가 저자의

의견에 의심을 품으며 읽기 시작했다. 전에는 저자의 권위에 감히 의심을 품을 수 없다고 생각했지만 이제는 마땅히 의심하며 읽는다. 이렇게 읽기 시작한 후부터 나의 관심 분야가 더욱 넓어졌다. 그리고 세상에 읽을 가치가 없는 책은 단한 권도 없다는 사실을 깨달았다. 저자의 생각에 반박하기 위해 나는 그와 관련된 다른 분야의 책들을 찾아보기 시작했다. 자기계발서를 읽다가 뇌 과학과 양자물리학 책들을 찾아봤고, 같은 분야의 다른 책을 여러 권 찾아 읽었다. 그렇게 읽기 시작한 후로는 책에서 정답을 찾으려 하지 않았다. 다만 내 생각을 공고히 만들고자 했다.

하브루타에 관심을 두게 된 건 필연적인 일이었다. 아이들 교육에 도움이 될 책들을 찾다『부모라면 유대인처럼 하브루타로 교육하라』를 발견했다. 한창 질문하기에 빠져 있던 나는 그 책을 읽고 하브루타를 배워야겠다는 생각을 했다. 이 좋은 걸 아이들에게도 알려주고 싶었다. 그런데 기대했던 것만큼 잘되지 않았다. 아이들은 질문을 떠올리길 어려워했다. 이내 포기하고 멍하니 앉아 있는 아이가 많았다. 어쩌면 당연한 일이라는 생각이 들었다. 우리 아이들은 질문할 권리를 많이 빼앗기며 자라기 때문이다. 마찬가지로 질문할 권리를 빼앗기며 자란 어른들이 아이들에게 질문하기를 권장하지 못하는 건 당연한 수순이었다. 호기심을 살려주는 교육보다 주입하기에 바쁜 교육에 익숙해진 아이들이 어떻게 질문을 쉽게 떠올릴 수 있겠는가. 나 또한 그렇게 자라면서 자신에 대한 호기심도 잊은 채 살았다.

질문을 잃고 산 시간을 떠올리니 아이들의 질문할 권리를 살려줘야겠다는 각오가 점차 강해졌다. 그래서 하브루타와 관련된 책들을 여러 권 구입해서 읽어보았고, 하브루타 문화교육사를 수강하여 자격증을 취득했다. 하브루타 강의를 들으며 나는 속으로 많이 울었다. 질문을 잃어버리고 살아온 시간이 너무 안타까웠고, 아직도 잃고 사는 사람들이 안쓰러웠다. 나는 그동안 아이들에게 얼마나 질문을 빼앗았는지 후회스러워서 마음이 아팠다. 그 아픈 마음의 크기만큼 스스로 질문하는 법을 되살렸고, 아이들에게도 질문하는 법을 일깨워주었다. 점차 아이들은 질문하기에 익숙해졌다. 간혹 나를 놀라게 만드는 질문들을 쏟아내기도 했다.

더욱이 나는 하브루타를 배우며 스스로 더 많은 질문거리를 만들어내게 되었다. 이 세상 모든 일에 결과가 있다면 반드시 원인이 있게 마련이다. 그러므로 한 저자의 결과물인 책에도 원인이라는 게 있을 수밖에 없다. 마음속 어떤 질문으로부터 시작해 그 질문의 답을 찾아 나가며 글로 남긴 것이 책이라는 사실을 깨닫자 사소해 보이던 것들도 그냥 지나칠 수 없게 되었다. 단순히 책의 내용을 확인하는 질문에서부터 저자의 의도, 더 깊게는 나의 삶을 돌아보게 하는 질문까지. 더 깊게 읽으며 나는 나와 세상을 알아갔다.

질문한다는 건 의도적으로 속도를 늦추는 것이다. '그래, 그렇지'라고 끄덕이며 읽는 것보다 '왜 그렇지? 나는 이것에 대해 어떻게 생각하지?' 등 질문을 하게 되면 속도의 고삐를 늦추게 된다. 잠시 멈춰 서서 사색에 빠지게 되는 것이다. 그렇게 대상을 깊이 들여다봄으로써 알아차리지 못해 배제되었던 것들의 존재를 확인하게 된다. 그리고 모든 대상이 따로 떨어져 있는 듯 보이지만 사실은 하나로 연결되어 있음을 알아차린다. 나와 동떨어져 있는 게 하나도 없음을 깨닫는 순간이 너무 짜릿하다. 더 알고 싶고, 평생 배움을 실천하며 살고 싶다는 강렬한 욕구가 든다. 나는 모든 사람이 이처럼 멋진 경험을 하며 살기를 진심으로 바란다.

마르셀 프루스트는 『독서에 관하여』에서 읽기를 '고독 속에서 일어나는 소통의 비옥한 기적'이라고 표현했다. 독서는 분명 혼자 고독하게 읽어나가는 행위이다. 하지만 그 고독 속에서 소통의 길도 분명 존재한다. 그래서 독서를 하며 외로움에 지치지 않을 수 있고, 내가 현실에서 할 수 있는 소통의 한계가 존재하더라도 실망하지 않을 수 있는 것이다.

저자가 자신의 물음에 책으로써 결론을 냈다면, 독자인 우리는 책을 읽음으로써 물음을 다시 시작할 수 있다. 그 과정에서 소통이 일어난다. 『오만과 편견』을 읽으며 엘리자베스 베넷과 소통하고, 『데미안』을 읽으며 싱클레어 혹은 데미안과 소통한다. 그러면서 나와도 소통할 수 있게 된다. 그 책을 읽지 않았다면 자신에게 묻지 않았을 질문을 하면서 내 세계는 더 넓고 풍요로워진다.

단 하나의 질문이라도 좋다. 그저 스쳐 지나갈 인연으로 잊지 않기를 바란다면, 더 넓고 깊은 나와 너와 우리의 세계를 알아가고 싶다면 질문을 남겨보자. 잠시 속도를 늦춘 보람을 느끼게 될 것이다.

{ 독서법 07 }

병렬 독서의 힘

"우리 더 넓은 집으로 이사 가야 하는 거 아니야?"

드디어 남편이 한소리를 했다. 남편이 저 말을 하는 건 나의 사랑스러운 책들 때문이다. 점점 더 늘어나는 책, 널브러져 있는 책들을 보고 한마디 한 것이다. 나는 한 번에 한 권의 책만 읽지 않는다. 한 권을 다 읽어낼 때까지 다른 책을 내버려 두는 일은 절대 하지 않는다. 여기저기 흩어져 있는 책들 틈에서 당장 읽고 싶은 책들을 골라 무작정 펼쳐 본다. 그러니 내가 머무르는 곳곳마다 책이 널려 있고, 장소에 따라 읽는 책도 다 다르다.

227

지금 침대 위에는 이은대의 『무일푼 막노동꾼인 내가 글을 쓰는 이유』와 에크하르트 톨레의 『삶으로 다시 떠오르기』가 있다. 식탁 위에는 김상욱의 『김상욱의 양자 공부』와 김상운의 『왓칭』, 헤르만 헤세의 『싯다르타』가 있다. 거실 소파 위에는 제니스 캐플런의 『감사하면 달라지는 것들』과 랄프 왈도 에머슨의 『자기신뢰』, 루이스 L. 헤이의 『치유』가 있다. 페터 비에리의 『리스본행 야간열차』는 화장실에 들어갈 때마다 들고 들어간다. 또한 서재에는 정혜윤의 『삶을 바꾸는 책 읽기』가 나를 기다린다. 거실 책장에 있는 신영복의 『감옥으로부터의 사색』은 생각날 때마다 꺼내 읽으며 전체 필사를 하고 있다. 기록도 해야 하니 곳곳마다 바인더 노트가 있고, 연필과 볼펜도 여기저기 흩어져 있다. 이런 나를 보면 '저렇게 읽어서 남는 게 있나? 아니, 뭘 읽고 있는 건지 알고나 있을까?'라고 생각할지도 모르겠다.

다행히도 나는 뭘 읽고 있는지 명확히 안다. 동시에 10권을 각기 다른 장소에서 읽어도 내가 뭘 읽고 있는지, 어디까지 읽었는지, 책이 무슨 얘기를 하는지 알 수 있다. 그렇다고 같은 분야의 책들만 읽는 것도 아니다. 소설, 자기계발, 에세이, 과학, 인문, 고전 등 여러 분야의 책들을 동시에 읽는다.

그럼에도 나는 정확히 무얼 읽는지 인식하고 있으며, 심지어 그것들을 연결하며 읽는다. 그 연결된 것들을 내 식대로 글로 풀어놓는다.

처음부터 병렬 독서를 한 건 아니다. 이렇게 읽기 시작한 건 그리 오래되지 않았다. 이전에는 한 권을 충실히 읽고 독서 노트까지 작성하고 나서야 다른 책을 읽었다. 이렇게 읽으면 평일 기준으로는 2~3일에, 주말에 특별한 일이 없으면 하루에 책 한 권을 읽었다. 그러나 어느 순간부터 만족하지 못했다. 읽고 싶은 책의 목록은 늘어만 가는데 책 한 권을 다 읽고 나서야 볼 수 있다고 생각하니 마음이 바빠졌다. 미리 구입해 둔 책들이 옆에 쌓여 가니 더욱 그랬다. 다음에 읽을 책이 너무 궁금해서 현재 읽는 책에 집중이 안 되는 지경에 이르자 다른 책에도 손을 대기 시작했다. 그러면서 최대 10권까지 한꺼번에 읽기 시작했다. 읽고 싶은 책은 많은데 온종일 책을 읽을 수는 없으니 이게 제일 나은 방법이라고 생각했다.

박상배의 『본깨적』에서는 병렬 독서를 두 가지로 나누어 설명했다. 수직적 병렬 독서와 수평적 병렬 독서가 그것이다. 수직적 병렬 독서는 같은 주제의 책 여러 권을 동시에 읽는 방법이다. 예를 들어 부동산과 관련된 책들을 함께 읽으면 한 분야를 깊게 읽을 수 있다는 장점이 있다. 게다가 저자마다 다른 관점을 가지고 책을 쓰기에 상반된 관점을 접하면서 내 생각을 다지기에 좋다. 수평적 병렬 독서는 다양한 분야의 여러 주제를 다룬 책들을 동시에 읽는 방법이다. 박상배 작가는 이처럼 다양한 주제를 동시에 읽으면 사고가 유연해지고, 인식의 범위도 넓어지며, 그만큼 창의력과 상상력을 키울 수 있다고 말했다. 나는 그의 생각에 공감한다. 전혀 관련이 없을 것 같은 책들을 함께 읽으면서 뇌가 자극됨을 느끼고, 순간적으로 떠오르는 아이디어와 만나기도 한다.

나는 수직적 병렬 독서와 수평적 병렬 독서를 함께하는 편이다. 한 권의 책 속에는 또 다른 좋은 책들이 소개되기도 하고, 저자가 자신의 주장을 뒷받침하기 위해 여러 가지 근거를 다른 분야의 책에서 가져오기도 한다. 혹은 어떤 인물에 대한 소개, 개념, 단어가 나온다. 그러면 나는 따로 메모한 후 관심이 가는 책들을 골라 동시에 읽기 시작한다.

예를 들어 정민의 『책벌레와 메모광』을 읽으며 이덕무 선생을 알게 되었다. 그에 대해 더 알고 싶어진 나는 안소영의 『책만 보는 바보』와 한정주의 『이덕무를 읽다』를 읽었다. 그리고 다른 독서법 책에도 다수 등장하는 '초서(鈔書)'와 '묘계질서(妙契疾書)'가 궁금해져 권영식의 『다산의 독서 전략』과 정민의 『다산선생 지식경영법』도 읽었다. 이 외에 다산 정약용 선생, 청장관 이덕무 선생과 관련된 책들을 읽기 시작했다. 다산 정약용 선생의 책을 읽으며 지식을 어떻게 관리할지, 마음을 어떻게 다스리며 살지에 대해 생각했다. 그러면서 나의 독서 기록방법에도 변화를 주었다. 동시에 청장관 이덕무 선생의 글을 읽으며 고전 독서에 대한 관심에 불을 지폈다. 조선 시대의 지식인들은 어떻게 독서를 했는지, 어떻게 지식을 엮어 책을 만들어냈는지 파고 들어가기 시작했다.

한편으로는 아니타 무르자니의 『나로 살아가는 기쁨』과 칼 세이건의 『코스모스』를 함께 읽으며 세상의 만물이 연결되어 있음을 알게 되었다. 이를 통해 무한한 가능성이 있는 우주 속의 나라는 존재를 느끼고, 이런 나를 어떻게 사랑하며 살 것인지에 대해서도 생각했다. 자연스러운 수순처럼 명상에 관한 책과 감정, 마음 치유, 내려놓음에 관한 책들도 읽기 시작했다. 고전문학을 읽으며 날 것 그대로의 인간들과 그 속에서 함께하는 나를 만나고 이어서 자기계발서와 치유 에세이를 읽으며 정화된 나, 완전한 나, 이상적인 나와도 만났다. 그렇게 나를 알아가고 발견해가면서 내가 책을 읽고, 공부하는 이유도 다시금 생각해보았다.

나는 병렬 독서를 하며 이전보다 더 다양한 분야의 책을 읽게 되었다. 독서량이 늘어난 건 말할 것도 없다. 병렬 독서를 하지 않았더라면 한참 뒤에나 만났을, 아예 만나지 못했을 책들을 읽게 되면서 나는 새로운 세계에 발을 들이민 것 같은 느낌을 받았다. 장소마다 다른 책을 읽는 재미도 있다. 머리에 쥐가 날 정도로 어려운 책을 읽다가 그보다 조금 가벼운 책을 읽으며 한숨 돌리기도 한다. 그렇게 나는 언제든, 어디에서든 독서의 끈을 놓지 않는다.

물론 하루에 10권을 다 읽을 수는 없다. 그럴 만한 시간이 주어질 때도 있고, 하루에 1~2권만 보게 되는 날도 있다. 여러 권을 한꺼번에, 게다가 오랜 시간 걸쳐서 읽다 보면 몇 권은 '한참' 뒤에야 다시 읽게 되는 경우도 있다. 우리는 망각의 능력이 있어 그 한참의 기간이 길어질수록 이미 읽은 내용이 기억나지 않을 수도 있다. 하지만 나는 그것에 대해 걱정하지 않는다. 나에겐 비밀병기인 독서 노트가 있기 때문이다. 나의 병렬 독서는 나만의 독서 노트 기록법과 만나 더욱 빛을 발하는 중이다.

{ 독서법 08 }

책을 내 것으로 만드는 독서 노트 기록법

|

시험공부 했을 때를 떠올려보자. 꼭 공부하지는 않더라도 '이것'만은 되어 있어야 한다고 생각했을 것이다. 공부를 꽤 하는 사람들은 '이것'을 잘해야 한다고 강조하기도 한다. 우리가 익히 아는 뉴턴이나 아인슈타인과 같은 천재들, 이순신이나 정약용과 같은 역사적인 인물들도 '이것'을 중요하게 생각했고 즐겼다. 그들의 '이것'으로 우리는 지금 수천 년간 축적되어 온 지식과 지혜를 마음껏 읽을 수 있는 행운을 누리고 있다. '이것'은 바로 노트 필기이다.

대니얼 J. 레비틴은 『정리하는 뇌』에서 우리가 달력, 스마트폰, 주소록 등 뇌의 확장 장치를 사용하여 뇌가 지는 부담을 떠넘긴다고 했다. 그의 말처럼 많은 사람은 아날로그든 디지털이든 도구를 활용해 기억해야 할 일들의 상당수를 외부화하고 있다. 결국 잊지 않기 위해 기록하는 것이다. 그런데 놀라운 점은 창의적이고 효율적인 일 처리로 자신의 분야에서 최고의 위치를 점한 많은 사람이 아날로그 방식을 사용한다는 것이다. 종이 위에 기록하는 일이 창조력과 연결된다는 증거 자료들은 다른 여러 책에서도 볼 수 있다.

초반부터 노트, 기록 등의 화두를 던진 건 독후 기록에 대해 이야기해보고자 함이다. 독서 노트가 얼마나 중요한지는 독서법에 관한 책을 몇 권만 읽어도 바로 알 수 있다. 누군가가 나에게 독서 노트를 왜 작성하느냐고 묻는다면 나는 그것이 나의 지식을 확장해주고 지혜롭게 만들어줄 것을 기대하기 때문이라고 답하겠다. 즉 읽은 책을 나만의 방식으로 소화하고, 나의 것으로 만들기 위함이다. 그러므로 수고로움을 무릅쓰고 적는 것이다.

나는 본깨적을 시작으로 한 눈에 보기 좋게 마인드맵으로 작성도 해보았고, 초서 노트와 질문 노트를 만들어 바인더로 묶기도 했다. 이런저런 방식으로 기록하다 디지털 앱을 활용하여 독후 기록도 해보았는데, 결국 아날로그 방식으로 되돌아왔다. 아날로그 감성을 불러일으키는 노트를 보는 게 더 좋기도 했고, 종이 위에 적으려고 할 때 생각이 더 번뜩임을 느꼈기 때문이다. 시간이 오래 걸리기 때문에 주저함도 여러 번 있었다. 읽고 싶은 책이 많아 성급한 마음에 더욱 그랬다. 하지만 나는 독후 기록을 간단하고 빠르게 하는 방법으로 바꾸기보다 병렬 독서 방향으로 독서의 방법을 바꿨다.

지금은 자칫 산만해질 수 있는 병렬 독서의 단점을 보완해주고, 깊은 사색을 가능하게 하는 나만의 독서 노트 기록을 즐기고 있다. 현재 나는 내가 써온 독서 노트의 효과를 톡톡히 보고 있다. 이에 내가 현재 사용하는 독후 기록법을 소개해보고자 한다.

첫째는 바인더를 독서 노트로 사용하는 것이다. 나는 3P 바인더의 서브 바인더를 활용하여 독후 기록을 하고 있다. 내가 이것을 사용하는 이유는 분류가 가능하다는 점 때문이다. 일반 노트에 기록을 남겨도 좋지만 노트가 무한정 늘어나는 경우 원하는 부분을 다시 찾아보기 어렵겠다는 생각에서 바인더를 활용하게 되었다. 바인더를 독서 노트로 사용하면 들고 다니기도 편하고 주제별로 분류할 수 있어 필요할 때마다 찾기 쉽다는 장점이 있다. 또한 필요에 따라 자료를 빼내어 재배열하고 다른 분류 항목에 묶을 수 있다는 것 또한 강점이다.

둘째는 십진분류법이라는 분류방법을 활용하는 것이다. 처음에는 내 식대로 '인문고전', '독서법', '문학'으로 분류했다가 독서하는 분야가 확장되면서 분류를 좀 더 체계적으로 해야 할 필요성을 느꼈다. 인터넷 서점에서 분류한 대로 해보려고 했으나 한 권의 책을 두 가지 이상의 주제로 분류해두었기에 바로 포기했다. 그러다 생각난 것이 십진분류법이었다. 교대 재학 중에 학교 도서관에서 신간 도서를 등록하는 일을 했었는데, 이때의 기억이 불현듯 떠올랐다. 그 당시 등록할 때 참고하라며 받았던 십진분류법에 관한 검정 표지의 책이 생각난 것이다. 십진분류법을 검색해보니 여러 블로그에 잘 정리되어 올라와 있었다. 그 정보들을 참고해서 서브 바인더를 총 11개 준비했다.

10가지의 주류(총류, 철학, 종교, 사회과학, 자연과학, 기술과학, 예술, 언어, 문학, 역사)로 분류하고 남은 하나는 주류별 독서 노트에 남긴 책 제목과 저자, 출판사, 책의 키워드를 따로 정리해두었다. 이는 어떤 주제에 대해 깊게 공부하거나 글을 쓸

때 관련된 키워드가 적힌 책 제목들을 확인하고 기록을 다시 모아서 보기 위함이다. 이렇게 분류해두면 내가 즐겨 읽는 분야와 거의 읽지 않는 분야가 한눈에 들어온다. 비어있는 바인더를 한 권씩 채우려 노력하다 보면 더 다양한 분야의 독서를 하고 있음을 깨닫게 된다.

셋째는 한 권의 책을 읽고 초서록과 질문록, 사색록을 기록하는 것이다. 초서록에는 책을 읽으며 밑줄 그어두었던 글을 옮겨 적는다. 초서(鈔書)란, 책에서 중요하다고 생각하는 구절을 뽑아 옮겨 쓰는 것이다. 정약용은 초서의 중요성을 자주 언급했는데, 이는 그가 유배 중 두 아들에게 보낸 편지에도 잘 드러나 있다. 나 또한 이 책을 쓰며 초서의 힘을 느꼈다.

질문록에는 책을 읽으며 떠오른 질문들을 적는다. 어떤 용어가 궁금해서도 적고, 저자의 의견에 의문이 생겨도 적는다. 나의 삶과 관련된 '나라면 어떻게 했을까?'와 같은 질문도 적는다. 이 질문은 해당 주제에 대해 더 깊이 공부하고자 하는 초석이 될 수도 있고, 다른 분야의 공부를 시작하는 계기가 될 수도 있다. 또한 글 한 편을 쓰게 만들 수도 있다. 질문록에 쓴 모든 질문에 빠르게 답을 할 필요는 없다. 먼저 해결하고 싶은 질문에 답을 하고 나머지는 천천히 해도 좋다.

사색록에는 책을 읽으며 깊게 사색했던 것들을 적는다. 보통 초서록과 질문록은 늦어도 3일 안에는 적고자 한다. 하지만 사색록은 다르다. 깊게 생각해서 하나의 정리된 글로 완성해야 하므로 시간을 조금 더 들인다. 초서한 글을 다시 읽어보고, 질서로 쓴 메모도 살펴보며, 적은 질문들도 꼼꼼히 보면서 사색한 결과물을 쓴다. 그러면 그제야 책 한 권을 오롯이 내 것으로 만드는 게 된다.

독서법에 관한 책들을 살펴보면 독서 노트를 기록하는 방법이 매우 다양함을 알 수 있다. 한 장으로 요약 정리하기, 마인드맵으로 기록하기, 디지털 도구 활용하기, 본깨적으로 기록하기 등이다. 이렇게 다양한 방법이 제시되는 건 각기 가지고 있는 장점이 있기 때문이다. 그러니 어떤 방법을 활용할 것인지는 개인의 몫이다. 이런저런 방법들을 쓰다 보면 자신에게 맞는 방법을 찾을 수 있다.

그런 면에서 내가 제시하는 방법도 하나의 방법일 뿐이다. 사실 나의 독서 노트 기록방법은 단순하지 않고, 시간도 오래 걸린다. 빠르고 간단하게 해결하고 싶어 하는 현대인들에게 맞지 않을 수도 있다. 하지만 나는 급할수록 돌아가라는 말을 떠올려본다. 매번 '이 방법이 옳은 것인가?' 하는 고민을 했지만, 이게 옳다는 가슴으로부터의 울림이 이 방법을 고수하게 만들었다.

정답은 없다. 다만 자신에게 더 나은 방법이 있을 뿐이다. 한 권 한 권 내 손을 거쳐 가는 책이 늘어날수록, 한 자 한 자 써 내려간 독서 노트가 쌓여 갈수록 내 삶은 더욱 깊어질 것이다. 그러니 시간이 걸리더라도 책을 더 넓게, 더 깊게 내 것으로 만들어보길 바란다. 분명 그만큼의 보람을 느낄 것이다. 무작정 읽지 말고 제대로 읽고, 깊게 사색하며 읽자. 그리고 한 번쯤은 치열하게 써보자. 오늘 읽은 책 한 권이, 오늘 쓴 독서 노트가 어떤 삶의 변화를 가져올지도 모르니 말이다.

한 인간의 존재를 결정짓는 것은 그가 읽은 책과 그가 쓴 글이다.

– 도스토예프스키

chapter

05

내가 매일 책을 읽는 이유

미안하지만, 책부터 좀 읽을게

'두근두근'

멋진 이성을 만나서가 아니다. 놀이기구 타기에 앞서 느끼는 떨림도 아니다. 이건 내가 책을 마주할 때마다 느끼는 두근거림이다. 나는 책을 만나는 순간순간마다 묘한 두근거림을 느낀다. 나를 가장 설레게 만드는 것은 서점에서 오는 택배이다. 출고되었다는 문자를 보는 순간부터 나는 소풍 가기 전날 느끼는 설렘 그 이상의 두근거림을 느낀다. 과장 같겠지만 사실이다. 너무 소중한 무언가를 생각할 때 모두 이런 감정을 느끼지 않을까? 책은 나에게 너무 소중한 것이기에 이

243

토록 강한 감정을 느낄 수밖에 없다. 가끔은 내가 미친 것이 아닐까 의심이 들 정도로 지금 나는 책에 푹 빠져 있다.

나는 선택한 책에 대해 어떤 고정된 생각이나 기대, 예상을 하지 않고 책장을 넘기려고 한다. 웬만하면 모든 걸 비우고 읽기 시작한다. '내가 이 책을 읽으면 엄청난 변화를 겪게 되겠지?', '새로운 정보들을 한가득 얻을 수 있겠지?', '앞부분에 이렇게 내용이 전개되니 뒤에는 저런 내용이 나오겠지…' 와 같은 생각은 하지 않는다. 다만 내 마음에 꼭 드는 문장 하나쯤은 만나겠거니 작은 소망만을 품고 책을 읽는다.

나는 책을 읽으며 매 순간 설렘을 느낀다. 여태껏 책을 읽으며 실망해 본 적이 없다. 책마다 단 하나라도, 단 한 문장이라도 내 마음을 건드리는 게 분명 있었다. 그것만으로도 족했다. 내가 잊고 있던 기억들을 떠올릴 수 있게 만드는 한 단어, 희미한 생각을 명료하게 만들어주는 한 문장, 딱딱한 마음을 말랑거리게 하는 공감되는 구절, 전혀 다른 차원의 세계와 만나게 해주는 글귀 등 이처럼 부드러우면서도 강렬하게 나를 흔드는 책에 빠지지 않을 수가 없다. 나는 다른 중독 증상도 겪어봤지만 이만큼 나를 행복 충만하게 만드는 건 없었다. 책 중독자, 책덕후, 책벌레와 같이 나에게 어떤 수

식어를 붙여도 그것이 책과 관련된다면 행복하다. 내가 책을 사랑하는 것이 드러나기만 한다면 말이다.

안소영 작가의 『책만 보는 바보』에는 이덕무 선생의 일화가 소개되어 있다. 그의 여러 일화 중 한 가지가 내 시선을 잡아끌었다. 온종일 방에 앉아 책만 들여다보는 그를 보고 사람들이 '간서치(看書痴)'라고 놀렸다는 일화이다. 간서치라고 놀림을 받아도 싫지 않았다던 이덕무 선생의 말이 나는 이해가 된다. 책을 바라만 보고 있어도 좋고, 손끝으로 느껴지는 종이의 감촉에 두근거림을 느끼는 사람이라면 이덕무 선생의 마음을 이해할 것이다. 책 읽는 시간을 아끼는 내 마음에도 깊이 공감하리라. 그래서 나는 늘 책을 지니고 다닌다. 덕분에 내 가방은 항상 무겁다. 지인들은 내 가방을 들면 대체 뭐가 들었기에 이리 무겁냐며 놀란다. 그런데 나는 단련이 되어서인지 무거운지도 모른다. 읽을거리를 챙겨 나가지 않으면 느끼게 되는 허전함이 나에겐 더 무겁다.

아이를 출산하고 친정집에 3주간 머무른 적이 있었다. 그때 박스 한가득 책을 담아 가져갔다. 물론 다 읽지는 못했지만 넉넉하게 들고 가야 안심이 되니 어쩔 수가 없었다. 나는 책을 읽을 수 있는 공간과 상황만 주어지면 책을 펼친다. 그

곳이 다소 시끄럽더라도 상관없다. 책 속의 활자를 읽기 시작하면 그의 세계로 빨려 들어가는 건 시간문제이기 때문이다. 그러면 내 의식은 오로지 책과 나만이 존재하는 듯 느껴지곤 한다. 이렇게 푹 빠져서 책을 읽으니 독서하는 시간만큼 강한 집중력을 발휘할 때가 없다. 특히 글을 읽으며 순식간에 떠오르는 생각을 적기 위해 바삐 손을 놀리는 와중이면 더더욱 그렇다. 이때는 주변에서 누군가가 나에게 말을 걸어도 소용이 없다.

언젠가는 동료 선생님이 나에게 이런 말을 하셨다.

"선생님 아이는 공부를 참 잘하겠어요. 선생님이 이렇게 책을 많이 읽으시니 말이에요."

학년연구실에 갈 때마다 책을 들고 가다 보니 이런 이야기까지 듣게 되었다. 나는 그곳에서 정말 많은 책을 읽었다. 다른 선생님들이 대화를 나누는 상황에서도 책을 읽곤 했다. 이런 나의 독서 사랑은 집 안에서도 계속 이어진다. 독서를 즐기지 않는 남편은 거실에서 스마트폰으로 게임을 하거나 조용히 TV를 시청한다. 그 옆에서 나는 책을 읽는다. 서로 다른 일을 하고 있지만 어쨌든 같은 공간에 있다는 것으로 우리는 두 가지 욕구를 충족시키려 한다. 함께 있는 것, 각자 하고 싶은 일을 하는 것.

　가끔 각자 할 일을 하다가 남편이 나에게 말을 걸어올 때가 있다. 나를 향해 무언가 이야기를 하지만 나는 그 말을 처음에는 알아들을 수가 없다. 말소리까지 들리지 않는 건 아니지만 그저 소리일 뿐이다. 책 읽기에 집중하다 보면 남편의 말이 귀에 들어오지 않는다. 이런 게 바로 몰입임을 느낀다. 그러나 대화하고픈 남편의 의중도 이해가 되기에 슬며시 책을 덮고 이야기를 나눈 후에 다시 책과의 만남에 집중한다. 꼭 그렇게까지 책을 읽어야 할까 생각할지도 모르지만, 나는 가능하다면 온종일 책을 읽고 싶다. 그러니 지금 나에게 주어진 독서 시간에 완전히 만족하기란 어렵다. 기회만 생기면 책을 집어 들 수밖에 없는 이유이다.

　아이를 낳고 나서는 틈새 시간을 최대한 활용하고 있다. 아이가 낮잠이 든 시간이 최고로 몰입해서 책을 읽을 수 있는 시간이다. 햇볕이 내리쬐는 공간에 앉아 책을 읽다 보면 잠시 졸음이 쏟아질 때가 있지만 책을 읽고 싶은 욕구가 항상 잠의 욕구를 이긴다. 잠깐 조는 틈에도 허벅지 위에 펼쳐진 책이 신경 쓰이는 것이다. 그럴 때는 언제 잠이 왔었나 싶게 다시 눈을 번쩍 뜨고 책을 읽는다. 그러면 어느 순간 잠도 달아나 버린다. 그 시간은 어떤 시간과도 바꿀 수 없을 만큼 나에게 소중하다.

'나에게 책은 어떤 존재인 걸까?'

'책이 나에게 어떤 의미를 지녔기에 독서에 이리도 열을 올리는 것일까?'

나는 종종 생각해보곤 한다. 독서를 내 인생의 우선순위에 두는 이유에 대해서 말이다. 그것에는 여러 가지가 있다. 그중 한 가지를 꼽아보자면 독서로 인해 내 인생이 변했다고 믿는다. 이것이 내가 독서를 하는 가장 큰 이유이다. 그렇기에 책과 만나는 시간을 절대 포기할 수가 없다. "오늘도 책 읽느라 낮잠도 안 잤지?"라며 남편은 내가 지칠까 걱정하지만, 사실 나는 책을 읽으며 에너지를 얻는다.

"미안하지만, 책부터 좀 읽을게."

그래도 앞으로는 남편과 보내는 시간 만큼은 그에게 좀 더 집중해야겠다.

내가 과거와 화해하는 법

"나는 내가 모른다는 사실을 안다."

소크라테스가 한 말이다. 우리는 우리 자신을 얼마나 모르고 있는지 얼마만큼 알고 있을까? 우리는 공공연하게 자신에 대한 무지함을 세상에 드러낸다. 오죽하면 내가 느끼는 감정, 타인의 것도 아닌 내 안에서 일어나는 감정조차 알지 못해 누군가에게 물어보겠는가. 현재 나의 감정이 어떤지, 왜 이런 감정이 생겨났는지, 이를 해결하기 위해 내가 할 수 있는 일은 무엇인지. 그 어떤 것도 자신의 힘으로 해결해낼 능력이 없는 듯 보인다. 그런 사람들은 내가 좋아하는 것은 무엇이고, 어떻게 살고 싶으며, 나는 어떤 사람인지도 모른다. 아니 모른다는 사실조차 모르고 산다. 그리고 그들은 현재와 미래를 살지 못하고 과거에만 얽매여 산다.

나도 나에 대해 잘 몰랐다. 내가 어떤 사람인지 제대로 묻고 답해본 적이 없었고, 생각하는 것조차 괴로워 회피만 했다. 그 탓에 내가 느끼는 감정도 알아차리지 못하고, 돌보지도 못했다. 다른 사람에게 묻거나 도움을 요청할 생각조차 하지 않았다. 도움이 간절했던 어린 시절의 내가 누구에게도 의지하지 못했던 기억 때문이다. 누구에게도 사랑받지 못하는 내가 도움받을 수 있을 거라고 생각하지 않았다. 나는 스스로 자신에게 '못난 이윤희, 불쌍한 이윤희'라는 이름표를 붙여 놓기까지 했다. 그런 나에 대한 잘못된 믿음은 현실의 문제를 해결할 의지마저 꺾어 '지금'을 살지 못하게 했다. 물론 미래도 없었다.

그랬던 내가 한 권의 책을 읽고 밖으로 나가기로 결심했다. 현실로 돌아올 수 있음을 의심하지 않았고 간절히 꿈을 그렸다. 그 덕에 누구와도 교류할 수 없어 괴로워하던 나로부터 벗어날 수 있었다. 이제는 나갈 수 있으리라는 확신이 생겼다. 그렇게 나를 믿은 만큼 보상도 뒤따라왔다. 내가 원하던 결과를 보았고, 드디어 밖으로 나갈 수 있게 되었다. 반년 사이에 나의 현실은 확연히 달라졌다. 그걸 직접 경험하고 나니 자신감이 생겼다. 그래서였을까. 나는 내가 겪었던 지난 일들을 모두 극복했다고 생각했다.

그 생각이 오만이었음을 알게 된 건 글을 쓰기 시작하면서부터이다. 나는 내가 쓴 글들 대부분이 아직 과거에 머물러 있음을 알아차리게 되었다. 지난 일은 모두 극복했으니 과거의 일들은 기억으로 묻어두면 된다고 적고 또 적었다. 하지만 '나는 극복했다. 지금 행복하다. 뭐든지 내가 원하는 대로 할 수 있다'라고 적은 글들을 보면서도 사실 반신반의하고 있었다. 이게 진심으로 적은 글인지 나 자신에게 되묻다가 더 깊이 묻지 못하고 그만두곤 했다.

그것은 두려움 때문이었다. 다시 부정적인 감정이 올라오면 전의 내 모습으로 돌아갈 것만 같았다. 그럴 때면 내가 한없이 작게 느껴졌다. 그래서 나는 다 이겨냈다며 아닌 척했다. 지금의 나는 과거의 나와 다르다고 생각했다. 그러면서 한동안은 희망에 차 지냈다. 하지만 의심이 드는 날에는 내가 싫어지기도 했다. 그런 날들이 반복되었다.

그러던 어느 날, 나를 앞으로 나아가지 못하게 하는 과거의 기억과 감정을 끄집어내야겠다는 생각이 들었다. 내가 곧 엄마가 될 것이기 때문이었다. 그 당시 나는 아이를 품고 육아 관련 책과 다큐멘터리를 섭렵하고 있었다. 나의 성장을 위해 노력했다. 그러면서 참 많이도 울었다. 아이에게 잘하고 싶은 마음과는 반대로 소리 지르고 때리는 부모들의 사연을 보며 눈물을 흘렸다. 그리고 그들에게 남아 있는 어린 시절의 상처를 보면서 오열했다. 그때 알아챘다.

'아, 나는 아직 극복하지 못했구나.'

이전에 써놓은 글들을 다시 보니 내가 과거에 어떤 감정을 느꼈고, 어떻게 생각했는지를 계속 적고 있었다. 그런데도 나는 계속 극복했다며 그걸 무시하고 있었던 것이다. 책을 읽으며 분명 긍정적인 변화가 있었지만, 동시에 그 변화가 무너질까 두려워 가장 깊은 곳에 웅크리고 있는 내면 아이를 모르는 척하고 있었다. 다행히도 문제를 알아차리니 해결책도 보이기 시작했다.

이번에도 책의 도움을 받기로 했다. 이전에 읽었던 것들과는 다른 차원의 책이어야 했다. 나는 곧 마음공부를 할 수 있는 책들을 찾아 읽기 시작했다. 물론 그 책들을 읽으면서도 내가 제자리걸음을 하도록 만드는 기억들을 떠올리는 일은 쉽지 않았다. 얼마나 꼭꼭 막아두었는지 깊은 내면에까지 가 닿기에는 역부족이었다. 그래도 이 방법밖에 없었기에 계속 읽고 썼다.

그러다 기억들이 터져 나오곤 했다. 한 번 봇물 터지듯 흘러나온 어린 나의 기억은 쉽게 사그라지지 않았다. 매 맞고 한껏 웅크린 나의 모습이 떠오를 때마다, 다른 사람에게 작은 내 모습을 들킬까 전전긍긍하던 모습이 떠오를 때마다 나는 수치심에 온몸이 얼어붙는 듯했다. 나에게 불친절한 사람을 만날 때마다 위축되었던 나, 그런 나를 수치스러워했던 기억이 떠올라 힘들었다. 그리고 내가 했던 말이 다른 사람에게는 어떻게 평가되었을지 생각하며 나를 괴롭혔다.

'도대체 나는 언제쯤 이 감정을 떠나보낼 수 있을까?'

'언제쯤 나를 괴롭히는 이 감정의 영향력에서 태연하게 벗어날 수 있을까?'

또다시 눌러 담으려는 노력과 터트리려는 노력이 서로 엉겨 붙어 에너지가 다 소진되었다. 신기한 건 꼭 필요한 시점에는 언제나 적당한 책이 나에게 찾아온다는 것이다. 나는 루이스 L. 헤이, 웨인 다이어, 랄프 왈도 에머슨, 론다 번, 헤르만 헤세, 조셉 머피, 아니타 무르자니, 오프라 윈프리, 일자

샌드 등 나의 의식을 확장해주고 정화해주는 저자들의 책을 읽으며 나를 괴롭히는 생각으로부터 한 발짝씩 빠져나오기 시작했다.

그럼으로써 감정과 마음을 알아차리는 일이 한 사람의 삶에 얼마나 큰 무게를 지니는지 깨달았다. 즉각적으로 떠오르는 감정을 막을 도리는 없지만 알아차림만으로도 그 감정에서 벗어날 수 있다는 사실도 알게 되었다. 같은 상황이라도 다른 감정을 떠올릴 수 있는 것, 다르게 대처할 수 있는 것은 온전히 나의 몫이었다.

아이를 키우다 보면 극한의 상황에 내몰린 것 같은 기분을 느낄 때가 종종 있다. 온몸은 삐거덕대는데 그날따라 유달리 보채면 한숨이 절로 나온다. 잠도 부족하고 몸도 너무 아픈데 아이가 똥을 질편하게 싸서 당장 아이를 들어올려야 하는 상황이 오면 울고 싶어진다. 그런 날은 아이도 불편하고 불안한 엄마의 마음을 아는지 더 많이 안아 달라고 요구한다. 배에서는 꼬르륵거리는데 이미 기운이 모두 소진된 나는 밥을 차려 먹을 기운조차 없다. 그렇게 기본적 욕구인 식욕마저 거스르게 된다. 며칠 씻지 못해 엉망인 내 몰골을 거울로 확인하고 나면 이게 뭔가 싶어 우울해질 때도 있다. 심지어 화장실 가는 것마저도 참아야 하는 순간이 오기도 한다. 그럴 때면 너무 서글퍼진다.

이런 생각에 파고들다 보면 온종일 우울하다. 전의 나였다면 바닥을 뚫고 내려가다 못해 한동안은 지상 위로 나오지도 못할 정도로 우울해했을 것이다. 과거의 내 모습을 다시 찾으려 하고, 한껏 움츠러들어 아이도 눈에 보이지 않았을 거다. 하지만 이제 더는 그러지 않는다. 지금은 몸과 마음이 힘들 때 나의 몸이 왜 힘든지, 내 감정은 어떤지, 나에게 필요한 것이 무엇인지를 스스로 먼저 묻는다. 그러면 내 안의 나는 왜 힘든지, 어떤 감정을 느끼고 있는지, 당장 어떤 책을 읽으며 좋을지, 무슨 생각을 해야 할지, 어떤 행동을 하면 좋을지를 대답해준다. 그 답을 듣고 나면 나는 바로 실행으로 옮긴다.

그럼에도 여전히 한 번씩은 못난 생각이 들 때가 있다. 그러면 어김없이 책을 펼친다. 책을 읽고 있노라면 내가 그 자체로도 멋지고 사랑스러운 사람임을 떠올리게 된다. 그리고 어떤 부정적인 감정이나 생각이 들더라도 있는 그대로의 나를 인정해주면 된다는 걸 다시금 확인하게 된다. 그렇게 나는 내가 한없이 부족한, 뜯어고쳐야 할 것이 많은 사람이라

는 생각에서 벗어난다. 그럼으로써 나의 과거와 한 번 더 화
해를 한다.

혹여나 다시 나를 괴롭히는 과거나 감정에 휘말려도 괜찮
다. 우리는 언제나 현재로 돌아올 수 있는 그럴만한 힘이 있
기 때문이다. 그러니 감정을 맘껏 누리고 스스로를 사랑해주
자. 내가 원한다면 불행한 과거가 현재의 나에게 영향을 끼
칠 수 없음을 떠올리며 용기를 내어보자. 오늘의 나를 응원
한다.

읽지 않는 아이들, 생각하지 않는 아이들

"이제 점점 열정만 가지고는 아이들을 끌고 가기가 벅차다는 생각이 들어."

선배 교사의 한마디에 나는 고개를 끄덕거렸다. 동료 교사의 공개수업을 한 뒤 피드백을 주고받다가 나온 이야기였다. 수업에서든, 아이들 생활지도에서든 어떻게 하는 것이 교육적으로 좋을지 늘 고민하고 실천하는 분이기에 뜻밖의 말이라는 생각이 들었다. 하지만 뒤이어 나온 말에 나는 공감할 수밖에 없었다.

"내가 어떻게 해도 애들 표정에 변화가 없어. 아무런 의욕 없이 앉아 있는 걸 보면 힘이 쪽 빠진다니까."

그날은 심각하게 그 이유가 무엇인지에 대해 고민하지 않을 수가 없었다. 아니 무엇 때문인지 이미 알고 있었다. 아이들은 배움의 목적이나 의미를 알지 못했다. 배움에 대한 호기심은 사라져버렸고, 이미 학교 수업에 흥미를 잃은 지도 오래였다. 그래서 멍하니 의욕 없이 앉아 있을 수밖에 없다.

'이런 상황에서 내가 무얼 할 수 있을까?'

가슴이 답답해졌다. 학교에서 가만히 앉아 아이들을 보고 있으면 내가 학교 다니던 시절보다 여러 가지 면에서 풍족하다는 생각이 든다. 그 풍족함 중 하나는 책이다. 나는 초등학교 6년, 중학교 3년, 고등학교 3년을 다니며 학교에서 책을 접한 기억이 거의 없다. 책을 아주 좋아하는 소수의 친구 가방 속에서나 볼 수 있었다. 우리 집에서도 책을 보기가 힘들었다. 초등학교 입학할 때 사주신 백과사전이 끝이었다.

그에 비하면 지금은 교실 안에도 책이 한가득 있고, 학교 도서관도 잘 되어있다. 학교 차원에서 혹은 지역 도서관에서 독서 프로그램을 운영하는 등 독서교육에 힘쓰는 분위기이다. 게다가 지금 부모님들은 책 사는 데 돈을 아끼지 않는다. 그래서 책으로 빼곡한 책장이 있는 집을 흔히 볼 수 있다. 책 육아가 유행처럼 번져있고, 그와 관련된 육아서도 많이 나와 있다. 분명 과거에 비하면 독서에 대한 중요성이 강조되고 있다.

그런데도 아이들은 학년이 올라갈수록 책을 읽지 않는다. 그뿐만 아니라 내가 학교에 있으면서 알게 된 건 학년이 올라갈수록 생각하기를 귀찮아하는 아이들의 수도 많아진다는 것이다. 이 아이들은 문제에 대한 답이 즉각적으로 보이지 않으면 참고 견디지를 못한다. 답을 얼른 내놓으라고 교사에게 재촉하거나 그도 아니면 포기하고 멍하니 앉아 수업 시간이 끝나기만을 기다린다. 도전하고 알아가는 재미를 느끼는 아이들은 소수에 불과하다. 이 소수의 아이도 점차 다수의 아이처럼 변해갈 것이 보여서 너무나도 슬프다.

어느 날, 6학년 아이들의 과학 수업을 참관하러 갈 기회가 있었다. 전 교직원이 참관하는 자리였다. 이 수업을 위해 담당 선생님은 전날 저녁 늦게까지 학교에서 연구하셨다고 들었다. 요즘 학생 참여형 수업이 대세이니만큼 분명 아이들의 적극적인 활동이 있으리라 예상했다. 담당 선생님이 그렇게 수업을 계획하셨을 테니 말이다. 더욱이 실험 수업이었다. 그런데 이상하게도 아이들 반응이 영 시원찮았다. 실험을 주도

적으로 이끄는 몇 아이들 빼고는 대부분의 아이들은 친구가 하는 것을 대강 보기만 하고 있었다. 실험 결과에 대해 의견을 주고받는 아이들도 몇 되지 않았다. 나머지는 멍하니 앉아만 있다 친구들이 보고서 작성을 끝내자 보고 베껴 썼다. 소수의 아이가 이끌어가는 수업이었다. 30명 가까이 되는 아이들 중 3분의 2에 해당하는 아이들은 아무것도 하지 않았다. 그냥 멍하니 앉아 있다 보고서만 베끼는 아이들을 보고 나는 너무 놀랐다.

하지만 나도 생각이란 걸 놓고 살아본 적이 있기에 지금의 아이들이 좀처럼 생각하려 하지 않는 것이 이해가 되었다. 되돌아보면 학창시절의 나도 그랬고, 내 친구들도 그랬다. 그 이유는 뻔하다. 정말로 안타까운 일이지만 내가 어렸을 때나 지금이나 우리 사회에서의 '교육'이 별반 달라진 것이 없기 때문이다.

우리 교육은 여전히 아이들에게 질문을 권장하지도, 자기 생각을 조리 있게 말할 수 있도록 하지도 못한다. 심지어 자기만의 생각을 키워나가는 걸 방해하기까지 한다. 더 이상 옳고 그른 것을 제대로 가르쳐주지도 못하고 있다. 여러 부분에서는 변화가 있던 것도 사실이지만 대부분 교수·학습법, 즉 기술적인 면에서만 달라졌을 뿐이다. 가장 중요한 것, 본질적인 것은 변하지 않았다.

　2019년에 나는 하브루타 문화교육사 강의를 들었다. 총 3일간 하브루타에 대해 배우고 적용해보는 시간이었다. 그중 3일째 되는 날, 기사 하나를 보고 이야기를 나누게 되었다. 2017년도 조선일보에 우리나라 교육의 중심지인 강남 학원가에서 '하브루타' 열풍이 불고 있다는 내용의 기사였다. 그 기사를 읽고 그곳에 모인 사람들과 이 열풍이 얼마나 갈 것인지에 대해 이야기를 나눴다. 슬프게도 '유행처럼 지나가고 마는 하나의 교육 방법으로 끝날 것이다'라는 의견이 지배적이었다. 왜 이런 부정적인 의견이 나올 수밖에 없는 것일까?

　우리에게 교육은 단지 '좋은 성적'을 올리는 것, 그 이상의 의미는 없기 때문이다. 교육의 사전적 정의는 '지식과 기술 따위를 가르치며 인격을 길러 주는 것'이다. 교육이 지식과 기술을 가르치는 것에서 그치지 않고 인격을 길러 주는 것까지 해결해줘야 한다는 의미다. 그런데 우리 교육은 전자는 책임지지만 후자는 책임지지 못하고 있다. 그럴 수밖에 없는 것이 우리 교육에는 '사람'이 빠져 있기 때문이다.

　우리 사회가 논의하는 모든 교육 관련 이슈에는 사람, 즉 교육의 가장 중요한 주체인 '아이들'이 빠져 있다. 나는 누구인지, 나는 왜 살아야 하는지, 어떻게 살아야 하는지, 왜 배움이 필요한지, 나로 살아가기 위해서는 무엇을 해야 하는지와 같은 배움의 목적에 초점을 두지 못한 교육은 늘 제자리걸음일 수밖에 없다. 그래서 아이들은 학원까지 다니며 열심히 공부하지만 그 공부가 자신과 어떤 관련이 있는지는 알지 못한다. 그저 암기하기에 바쁠 뿐이다. 열심히 책을 읽고 독후감을 쓰면서도 책을 읽는 것이 자신에게 왜 좋은지를 전혀 알지 못한다. 그래서 눈으로 읽어 치우기에 바쁘다. 그마저도 독서를 매우 강조하는 초등학교에 다닐 때나 책을 읽고 그 시기가 지나면 읽지 않는다. 바쁘기도 하고 동기도 없으니 그럴 만도 하다.

어쨌든 그런 공부에서는 굳이 생각이란 걸 할 필요가 없다. 그저 기계처럼 암기하며 읽고 숙제하면 그만이다. 아무런 즐거움도, 의미도 주지 못하는 것을 아이들이 제대로 할수 있을 리가 없다. 열심히 공부해서 '좋은 대학', '좋은 직장' 타이틀을 가진다 해도 그것으로 평생 만족을 느끼며 살긴 어렵다. 그런데도 그걸 위해 스트레스를 받아가며 공부하고, 무의미한 시간을 보내고 있다. 정말 안타까운 일이다.

진정한 공부는 앎의 대상이 나와 연결된다고 느낄 때 비로소 가능해진다. 공부는 잊히는 것이 아니라 삶 속에서 계속 살아있는 것이 되어야 한다. 나와 관련 없는 공부는 죽은 공부나 다름이 없다. 백날 1등, 2등 하면 무엇하나. 곧 죽어버릴 지식 하나 남들보다 더 가지고 있을 뿐이다. 생각 없이 공부만 해봐야 남는 게 하나 없다는 사실을 뼈아프게 겪어본 사람이 바로 나다. 그래서 나는 말하고 싶다. '나'를 생각하게 만드는 공부가 필요하고, 그것을 가능하게 만들어주는 '책'이 있다고 말이다.

책 속에는 나와 너, 우리에 대해 깊이 고민해본 저자들이 쓴 이야기가 담겨있다. 그런 책을 깊게 읽으며 나의 삶과 관련지을 수 있고, 진정한 배움의 의미도 찾을 수 있다. 책을 읽으며 '나는 어떻게 살 것인가'도 고민해볼 수 있다. 우리가 아직 제대로 하지 못하는 '인격을 길러 주는 교육'이 책 읽기로 가능해진다. 그래서 나는 아이들이 책을 읽고 삶에 어떻게 적용하며 살 것인지 생각할 수만 있다면, 그 교육은 성공한 것이라고 확신한다. 우리 어른들의 몫은 아이들이 제대로 책을 읽고 생각할 수 있게 만들어주는 것이다. 이를 위해서는 책을 몇 권 읽었는지를 세어보는 것이 아니라, 독후감을 얼마나 잘 적었는지를 검사하는 것이 아니라, 이 책을 읽으면 어떤 학습에 도움이 되는지를 따져볼 것이 아니라 함께 책을 읽고 질문하며 대화를 나누어야 한다. 그것이 가장 중요하다.

그런 의미에서 선행되어야 할 것이 있다. 바로 어른인 우리가 먼저 책을 읽는 것이다. 책을 읽으라고 잔소리할 것이 아니라 먼저 책을 읽는 모습을 보여주면 된다. 그러면 아이들은 독서의 장점을 자연스레 보고 느낄 수 있다. 또 한 가지는 생각하며 사는 것이다. 위에서 읽고 생각하지 않는데, 아래에서 읽고 생각하기는 쉽지 않다. 우리가 아이들에게 물려줄 수 있는 최고의 유산은 바로 '읽고 생각하는 삶'임을 잊지 말기 바란다.

'함께 살며 서로 배우는 사회'를 꿈꾸다

"배워서 남 주냐?"

도대체 이 말은 언제, 어디에서부터 시작된 걸까? 어렸을 때부터 참 많이 들었던 말이다. 그때는 들으면서 이상하다고 생각해본 적이 없었다. '나는 나, 너는 너'라고 생각했으며, 친한 친구이면서도 동시에 경쟁 상대가 되는 환경 속에서 살았기 때문이다. 나는 늘 상대보다 더 많이 알아야 한다고 생각했기에 모른다는 것을 창피하게 느꼈다. 분명 배우는 것이 미덕인 학생임에도 불구하고 모르니 알려달라는 말은 차마 내뱉지 못했다. 그러다 보니 누군가와 하나의 주제를 두고 생각을 교환하는 일은 없었다. 나의 무지가 드러나는 게 두렵기도 했고, 상대가 나보다 많이 알고 있다는 걸 알고 싶지 않았기 때문이다.

학생 신분일 때까지는 괜찮았다. 가정과 학교 테두리에서 벗어날 일이 별로 없었고, 좁은 시야를 가진 것이 그다지 심각한 일은 아니었다. 하지만 문제는 성인이 되고 나서 터져 나왔다. 나는 고작 한 발자국 나아간 것뿐인 20살의 대학 생활에서부터 삐거덕거렸다. 대학생이 된 지 얼마 되지도 않아서 내가 우물 안 개구리였음을 인정하지 않을 수 없었다.

'그렇다면 더 바깥세상은 얼마나 넓고 복잡한 걸까?'

두려울 정도였다. 그동안 내가 바라본 세상은 고정된 한 가지 프레임만으로도 살아가는 데 충분했지만, 이제는 그렇지 않았다. 세상은 고정된 프레임만 가지고 바라보기에는 너무 복잡하고 절망적인 곳이었다.

최인철 서울대학교 심리학과 교수는 『프레임』이라는 책에서 프레임을 '세상을 보는 마음의 창'이라고 정의했다. 우리는 모두 자신의 프레임을 가지고 세상을 바라보며 산다. 우리가 어떤 프레임을 가지고 있느냐에 따라 좋은 인생을 살 수도, 그렇지 않을 수도 있다. 최인철 교수는 자기중심적인 프레임에서 벗어나는 것이 필요하다고 강조했다. 세상이 복잡다단한 만큼 프레임 또한 단순할 리가 없다. 10명의 사람이 있으면 10가지의 프레임이 있을 수 있다. 그런데 한 가지의 프레임이 전부인 줄 알고 산다면? 그리고 그것이 결코 최상의 창이 아니라면?

나는 나만의 프레임을 통해 매일 생각하고 말하며 행동한다. 그것은 분명히 이 세상에 어떤 식으로든 영향을 미친다. 그러므로 자기중심적인 프레임에서 벗어나야 하는 것이다. 최인철 교수는 우리가 최상의 프레임을 갖도록 노력해야 하고, 이러한 프레임으로 '자신의 삶을 재무장하겠다는 용기'를 가져야 한다고 강조한다. 그렇다면 어떻게 해야 최상의 프레임을 가지고 내 삶을, 세상을 더 나은 모습으로 만들어갈 수 있을까?

나는 '관계', 즉 나와 다른 대상과 연결되어 함께하는 것이 해답이 될 거라고 생각한다. 그 대상은 여러 가지가 있을 수 있지만 가장 필요한 대상은 역시 사람이다. 최대한 나와 다른 대상과의 연결고리를 많이 만드는 것이 좋다. 그럴수록 내가 세상을 바라보는 마음의 창은 넓어지고 유연해질 것이다. 그래서 나는 집 밖으로 나가기 쉽지 않은 상황에서도 이런저런 온라인 모임으로 관계를 넓히며 최상의 프레임을 만들어가고 있다.

내가 관계나 프레임에 관심을 두게 된 계기는 내가 하는 일과 관련되어 있기 때문이다. 바로 '교육'이다. 나는 초등학교 교사이기에 아이들의 교육에만 초점을 맞추면 된다고 생각했다. 이것 또한 좁디좁은 나의 프레임 탓이었음을 깨달은 건 교사생활을 시작한 지 얼마 지나지 않아서였다.

사실 부끄러운 일이지만 나는 재작년(이 글을 쓰고 있는 지금은 2020년이다)까지만 해도 학교에서 얼굴까지 붉히며 화를 많이 냈었다. 그 화는 아이들에게 향한 것이 아니라 나와 학교, 학부모 그리고 사회를 향한 것이었다. 화의 원인은 '아이들의 방치된 모습'이었다. 학교폭력 문제, 돌봄 교실 혹은 학원 뺑뺑이 중인 아이들, 아이의 교육에 관심을 주기 힘든 부모님들, 변화를 꿈꾸는 교사와 변화를 원치 않는 교사와의 보이지 않는 대립, 서로 불편해하는 교육의 주체들(교원과 학부모), 불안한 아이들과 그보다 더 불안해하는 어른들, 교육의 본질을 보지 못하는 사회 등을 향한 것이었다. 이 모든 것이 아이들을 방치하는 결과를 만듦을 알았지만, 나는 한심하게도 화만 낼 따름이었다. 물론 이 화는 나의 판단력을 흐리게 만들었고, 그 피해는 고스란히 아이들의 몫이 되었다.

　이러한 불편한 상황을 겪으며 나는 결코 교사 혼자 교육을 책임질 수 없으며 부모, 교사, 학교, 마을 공동체, 사회가 함께 개입하고 공유해야 함을 깨달았다. 서로 대립하고 불편해하는 관계가 아니라 '함께 살며 서로 배우는' 협력의 관계가 되어야 함을 알게 되었다. 그러기 위해 배움은 아이들만의 전유물이 아니라 모두의 것이 되어야 한다. 배움은 위아래가 없기에 서로서로 가르치고 배워야 한다. 어른이 되어 공식적인 학생 신분에서 벗어났다고 해서 배움의 의무와 권리 또한 사라지는 것은 아니다. 현재의 세상을 좀 더 멋지게 이끌어가기 위해서, 미래를 아이들이 잘 끌어가도록 돕기 위해서는 어른들부터 배움의 끈을 놓지 말아야 한다.

　우리는 혼자서는 살 수 없다는 것을 이미 경험으로 알고 있다. 그러므로 '함께' 가야 한다. 함께, 서로 격려하고, 좋은 에너지를 주고받으며 '배움'을 실천할 수 있어야 한다. 어디에서나 배움을 찾는 사람들은 최상의 프레임을 가지고 좋은 삶을 살고자 노력하기 마련이다.

　함께하는 배움을 실천할 방법은 많다. 주변 지인들과 모여서 할 수도 있고, 오프라인으로 모임에 참여할 수도 있다. 여건이 안 되면 온라인으로도 충분히 실천할 수 있다. 배움을 위한 작은 모임이라도, 작은 관계라도 시작되면 그것이 확장되는 건 시간문제다. 배우고자 하는 열망이 강한 사람들의 에너지는 그 크기만큼 다른 사람들과의 연결고리도 쉽게 만들어낸다.

나는 아이를 낳고 온라인 모임에 주로 참여했다. 엄마들의 성장 모임에 들어가 함께 좋은 글귀를 읽고, 각자의 꿈과 목표를 공유하며, 좋은 에너지를 얻었다. 화상 미팅 프로그램을 활용해 독서를 주제로 한 강의도 해보았고, 글쓰기 온라인 모임에 들어가 내가 쓴 글을 다른 사람들과 공유하기도 했다. 그와 동시에 다른 사람이 쓴 글을 읽으며 깊은 대화를 나누기도 했다. 인문고전 읽기 카페에서는 다른 사람들과 함께 책을 읽으며 필사도 하고, 생각도 나누었다. 그리고 감사일기 쓰기 온라인 프로젝트에 참여하며 감사의 위대한 힘도 느껴보았다.

아직도 이런 좋은 모임이 곳곳에 많음을 모르는 사람들이 있다. 혹은 알더라도 관심을 두지 않는 사람들도 많다. 나는 이러한 열정적인 모임이 더욱 확대되어야 한다고 생각한다. 그 시작은 이미 함께하는 사람들로부터 비롯되어야 한다고 믿는다. 내가 다른 사람에게서 선한 영향력을 얻었듯이 다른 사람에게 선한 영향력을 줄 수 있어야 한다. 호수에 돌멩이 하나를 던지면 그 돌멩이가 파문을 일으켜 점점 크게 원을 그리며 퍼져 나간다. 진동이 꼬리를 물 듯 전달되어 먼 곳까지 파문이 미친다. 처음에는 그 돌멩이가 하나뿐이었더라도 그것이 둘, 셋, 넷, 그 이상으로 늘어나면 호수 전체를 배움의 진동으로 가득 채울 수 있을지도 모른다. 그렇듯 우리도 함께 가야 한다.

나는 학교에, 지역 사회에, 더 넓게 함께할 수 있는 온라인 커뮤니티에 돌멩이를 던져보려고 한다. 그런 의미에서 이 책이 돌멩이가 되기를 기대한다. 이 글을 읽는 여러분도 함께해 주길 바란다. 각자 가진 장점을, 재능을, 배움을 누군가와 나누는 행복을 누려보면 어떨까? 나와 너, 우리가 잘 살기 위해서는 서로에게 함께 배워야 한다.

그래서 오늘도 책을 읽는다

2019년 3월 23일, 기다리던 첫 딸 봄이가 태어났다. 뱃속의 작은 아이는 꼬박 12시간 진통 끝에 세상 밖으로 나왔다. 아이는 엄마가 그리도 보고 싶었는지 한쪽 눈을 뜬 채였다. 꿈꾸는 사람으로 자라길 바라는 마음에 나는 이 아이의 태명을 '꿈이'라고 붙여줬었다. 그런 사람으로 키우고자 출산 전부터 나의 내면을 다져온 터였다. 나는 아이를 마주한 순간부터 꿈에 부풀었고, 앞으로 함께할 시간이 기대되었다.

하지만 아이를 키우는 일은 생각보다 녹록지 않았다. 아이의 배냇짓을 볼 때처럼 달콤한 순간들도 있으나 그보다는 체력적·정신적으로 지치는 시간이 대부분이었다. 출산하기 바로 직전까지만 해도 나는 아이를 보면서 책도 읽고, 나만의 시간을 가질 수 있을 거라고 생각했다. 그러나 현실은 달랐다. 시간만 나면 쓰러져 자느라 바빴고, 하루하루 울컥 터져 나올듯한 감정을 눌러야 했다. 상황이 이러니 받아들여야지 별수 있냐면서 말이다. 하지만 지금까지 그래왔던 것처럼 그 감정들은 외면한다고 해서 사라지지 않았다.

아이를 출산하고 80일쯤 지나 낮잠을 자는 아이 곁을 멍하니 지키고 있을 때였다. 그날도 여전히 우리 집안은 에어컨의 냉기로 한겨울 같았다. 아이에게 태열이 있어 에어컨을 풀가동으로 돌린 지 두 달째였다. 그때가 한여름이었는데도 나는 추워서 긴 소매 원피스에 수면 바지를 입고, 수면 양말까지 신고 있었다. 에어컨 바람을 너무 쐬어서 그랬는지 베란다 창밖으로 보이는, 분명 뜨거울 햇볕이 따스하게 보일 정도였다. 보통 때라면 그 더운 날 나가고 싶다는 생각조차 들지 않았을 텐데 그날따라 유리창 밖으로 보이는 바깥세상이 그리워졌다. 나는 순간 나가고 싶다는 강한 충동에 휩싸였다. 그렇지만 이 더운 날, 아이를 데리고 어디를 간단 말인가. 제대로 씻지도 못해 얼굴은 푸석푸석하고 머리는 산발이었다.

273

모유 수유를 하느라 등부터 허리까지 아프지 않은 데가 없었다. 그러다 보니 혼자 아이를 챙겨 나갈 엄두가 나지 않았다.

불과 석 달 전까지만 해도 나가고 싶으면 언제든지 나갈 수 있었다. 만삭이긴 했지만 이렇게까지 몸이 아프지도 않았다. 씻고 싶으면 씻을 수도 있었다. 그러나 지금은 아니다. 내 의지로 바깥에 나가지 않는 것과 내 의지와는 상관없이 바깥에 나가지 못하는 것은 달랐다. 소통이 너무도 그리웠고, 무엇보다 내가 멈춰있는 것 같은 느낌이 나를 두렵게 만들었다. 그건 아마 오랜 시간 바깥에 나가지 못했던 기억들 때문이었을지도 모른다.

나는 책을 사랑하는 감정과 독서의 즐거움까지 잊은 채 지내고 있었다. 아이를 돌보느라 정신없을 때는 몰랐다. 하지만 아이가 잠든 고요한 집 안, 멍하니 앉아 있는 내 모습을 의식할 때면 자기연민에 빠지기 시작했다. 나는 점점 나약해져 갔다. 이전에 종종 우울 속으로 한없이 파고들던 그때처럼 내 몸과 마음이 무기력하게 느껴졌다. 멍하니 있다가 불현듯 '저 창밖으로 뛰어내리는 사람들이 이해가 된다'라는 생각이 들었다. 동시에 눈물이 흘렀다. 꾹꾹 눌러보려고 했지만 한 번 터진 눈물은 멈출 줄 몰랐다.

그래도 이전과 다르게 마음이 얼어붙지는 않았다. 나는 눈물을 흘리다가도 순간 가슴이 굳어버린 양 눈물을 그치곤 했었다. 하지만 이번에는 눈물이 난 김에 아예 펑펑 울어버렸다. 속이 시원해졌다. 그러나 눈물을 흘린 것만으로 문제까지 시원하게 해결되지는 않았다. 일상은 여전했고, 하루하루가 반복되었다. 그 뒤로도 몇 차례 같은 상황이 반복되었다. 나는 점점 무서워졌고, 해결책이 필요하다는 생각이 들었다.

몇 번 이런 일을 겪고 난 후 나는 인터넷 서점에서 책을 주문했다. 출산 후 처음 맞이한 책은 오프라 윈프리의 『내가 확실히 아는 것들』이었다. 나는 책의 초반부를 읽으며 벌써 마음이 평온해짐을 느꼈다. 그녀의 글에 온갖 풍요로운 감정이 묻어있었기 때문이다. 매 순간을 소중히 보내기로 마음먹고 지금, 내게 허락된 시간의 전부를 보내는 것과 같이 즐기라던 그녀의 말이 너무나도 따뜻하게 느껴졌다.

내가 책을 읽는 이유가 바로 이거였다. 나는 그녀의 책을 읽으며 단숨에 감사함을 느꼈다. 지금, 이 순간 내가 존재한다는 그 사실만으로도 기뻐해야 함을 깨달았다. 내가 피로감을 느끼고, 소통의 상실감을 느끼며, 자기연민에 빠질 수 있는 건 인간으로서 살아있기 때문이었다. 게다가 내가 엄마라서 이러한 상황이 올 수 있었기에 그런 감정도 느낄 수 있는 것이었다. 나는 그 어느 때보다도 순수한 사랑의 감정을 매일 느끼며 살고 있었다. 이 모두는 살아있기 때문에 느낄 수 있는 놀라운 감정들이었다. 나는 나에게 '오늘'이라는 하루가 얼마나 남았는지도 모른다는 사실을 떠올렸다. 그런데 이렇게 우울하게만 보내서야 되겠는가.

나는 책을 읽으며 실로 오랜만에 내 삶에 대한 설렘을 느꼈다. 가슴 가장 안쪽부터 가장자리까지 구석구석 감사와 희망, 사랑이 퍼져 나가는 듯했다. 아이가 깨서 울면 아기 띠를 하고 집안 곳곳을 돌아다니며 책을 읽었다. 도저히 손에서 책을 놓을 수가 없었다. 나는 아이를 돌보며 나도 돌보았다. 그럼으로써 내가 깨어있음을 느꼈다. 이후로도 틈만 나면 책을 읽었고 시들었던 내 몸에 다시 활기가 도는 듯했다. 마음도 넉넉해졌다. 나의 시간이 제대로 쓰이고 있다는 생각이 들자 행복해졌다. 지금이 내면적으로 더 성장할 수 있는 기회가 되리라는 생각까지 들었다. 아이도 잘 키우고, 나도 잘 클 수 있다는 자신감이 생겼다. 책은 충분히 그럴 수 있다고 나에게 매번 용기를 주며 다독여주었다.

만약 그대로 나를 방치하면서 스마트폰을 하거나 TV를 보면서 지냈다면 견뎌내지 못했을지도 모른다. 아무리 다정한 남편과 사랑스러운 아이가 곁에 있었더라도 말이다. 다행히도 나는 그 힘든 시간을 책과 함께 이겨냈고, 더욱 성장했다. 그리고 '책 쓰기'라는 새로운 도전도 시작할 수 있었다. 나는 결코 주저앉지 않았고, 오히려 더 앞으로 나아갔다. 이런 내가 자랑스럽게 느껴졌다.

돌이켜보면 책을 읽기 시작한 이후로 나에게 시련과 해결해야 할 문제가 생겼을 때, 위로가 필요할 때는 늘 책이 곁에 있었다. 그 책들은 언제나 나에게 적절한 조언과 위로를 해주었고, 꽤 창의적인 아이디어를 제안해주기도 했다. 나는 책을 읽고, 생각하고, 행동으로 옮기며 극복했다. 그렇게 이겨내면서 더 넓은 세계로 나갈 것을 꿈꾸게 했다. 내가 정한 한계를 무너뜨리게 해주었다. 이는 과거에도 그랬고, 현재진행형이며, 앞으로도 계속될 것으로 확신한다.

우리는 인간이기에 소란하고 자극적인 내부 혹은 외부의 세계에서 간혹 길을 잃게 된다. 이건 나의 의지와는 상관없이 벌어지는 일이다. 그러한 상황에 부딪혔을 때 어떤 이는 그를 극복하고, 어떤 이는 지름길을 두고도 길을 찾지 못해 계속 방황만 하다가 주저앉는다. 그 차이는 어디에서 오는 것일까?

나는 '혜안(慧眼)'에서 그 차이가 발생한다고 생각한다. 그리고 혜안을 살리기 위해서는 책을 읽고 사색하는 과정을 거쳐야 한다고 믿는다. 책을 읽는 것은 내 생각과 경험의 틀 안에 갇히지 않기 위함이고, 사색하는 것은 책에서 얻은 지식과 지혜를 나의 것으로 만들기 위함이다. 그래서 나는 생각하기는 귀찮은데 책만 읽고 싶거나, 생각에만 사로잡혀 괴로울 때면 "배우기만 하고 생각하지 않으면 막연하여 얻는 것이 없고, 생각만 하고 배우지 않으면 위태롭다"라고 하신 공자의 말씀을 떠올려본다. 그러고 나서 다시 조용히 책 속으로 들어가 글을 읽고, 생각에 잠기거나 글을 쓴다. 그러면 나만의 지름길이 보인다. 다시 방향을 잡아 나의 길을 갈 수 있다.

매번 책을 읽을 때마다 경이로움을 느낀다. 수 세기 전에 살았던 사람들도 나와 같은 고민을 했고, 비슷한 상황에서 어려움을 느끼기도 했다는 걸 발견하기 때문이다. "좋은 책을 읽는 것은 과거 몇 세기의 가장 훌륭한 사람들과 이야기를 나누는 것과 같다"라고 말한 르네 데카르트처럼 나는 다양한 사람, 그것도 혜안을 갖춘 사람들과 이야기를 나누는 황홀경에 종종 빠지곤 한다. 눈이 번쩍 뜨이고 가슴이 뛰는 경험을 매일 한다.

나는 내가 지혜로운 사람이기를 바라지만 여전히 부족함을 느낀다. 시련이 닥칠 때마다 흔들리며 깨지고 약해진다. 단단하지 못하고 무르다. 그래서 나는 오늘도 책을 읽는다. 조금이라도 더 단단해지기 위해서, 매 순간 흔들릴지라도 포기하고 주저앉지 않기 위해서 말이다.

당신의 인생을 가장 짧은 시간에 가장 위대하게 바꿔줄 방법은 무엇인가? 만약 당신이 독서보다 더 좋은 방법을 알고 있다면 그 방법을 따르기 바란다. 그러나 인류가 현재까지 발견한 방법 가운데서만 찾는다면 당신은 결코 독서보다 더 좋은 방법을 찾을 수 없을 것이다.

- 워런 버핏

가만히 있고 싶은데, 이번 생은 틀린 것 같아

2017년, 임용시험이라는 관문까지 거치고 드디어 교사가 되었다. 그때 나의 나이는 33살이었다. 이제야 사회에 첫발을 내디딘다는 생각에 벅차기도 했고, 꿈을 이루었다는 행복감에 어쩔 줄 몰랐다. 이 세상이 나를 위해 존재하는 듯, 꿈속을 걷는 기분이었다. 3월의 학교 복도는 찬 기운이 가득했지만 내 가슴은 따뜻해졌다. 그 덕에 몸에 열기가 확확 오르는 듯했다. 아이들의 책상을 둘러보며 실실 웃기도 했다. '이렇게 행복해도 되는 걸까?' 하는 생각이 들 정도로 나는 온갖 풍요로운 감정에 젖어있었다.

그러기를 한 달쯤 지나, 어느 순간부터인가 그런 행복이 점점 무뎌지기 시작했다. 일상이 피로와 무료함으로 뒤덮이기도 했다. 꿈을 이루었다는 감동 또한 매 순간 나를 기쁘게 해주지 못했다. 뭔가 허무함이 느껴지는 날도 있었다. 분명 아이들과 함께 보내는 일상이 즐겁기는 했지만 매일 그런 것은 아니었다. 꿈이 일상이 되자 나는 그 일상에 익숙해져 감사함을 잃어버리고 말았다. 교사가 되어야겠다는 생각은 늘 나의 가슴을 뛰게 했는데, 막상 교사가 되고 나니 가슴 뛰는 일이 줄어들었다. 이런 생각이 들 때면 나는 슬퍼졌다.

그러던 어느 날, 서재 책장에 꽂혀있던 『성과를 지배하는 바인더의 힘』을 발견했다. 이끌리듯이 책을 꺼내 처음부터 다시 읽어보았다. 한 장, 두 장 넘기면서 나는 나에게 지금 필요한 게 무엇인지 찾아낼 수 있었다. 그건 바로 '삶의 목표'와 '꿈'이었다. 책을 읽으며 다시 가슴 뛰는 삶을 살고 싶다는 생각이 들었다. 교사라는 꿈을 이룬 후 모든 것이 달라졌다는 기쁨에 잊고 지냈다. 나는 그것이 내 인생의 전부가 될 수는 없다는 것을 다시금 깨달았다. 그래서 꿈과 목표를 계속 생각하며 삶을 살리라 결심했다. 책을 한 권씩 읽을 때마다 나의 버킷리스트는 늘어났다. 내 인생의 정점, 최종 목표, 최종 꿈이라는 단어는 지워버렸다.

2018년도에 나는 정식으로 발령을 받고 진주에서 거제도로 출퇴근을 했다. 운전경력이 이제 막 1년 정도 되어가던 차에 매일 고속도로로 출퇴근하는 일은 상당한 체력과 정신력을 필요로 했다. 그 탓에 퇴근하고 집에 들어오면 파김치가 되곤 했다. 그러나 집에 와서도 반드시 해야 할 일들은 이어졌다. 저녁밥도 챙겨 먹어야 했고, 나와 남편이 집을 비운 사이 고양이들이 어지럽힌 집안도 청소해야 했다. 이 모든 일이 괴롭지는 않았지만 체력적인 한계에 부딪히는 듯했다. 한동안은 학교 일을 집에 들고 와서까지 했기에 더욱 그랬다. 그래서 3월 한 달은 학교 일과 집안일에만 매달렸다. 주말에는 평일의 피로를 해소하기 위해 그냥 쉬었다. 집에서 뒹굴뒹굴하기도 하고, 바깥에 바람을 쐬러 가기도 했다.

그렇게 한 달을 보내고 4월이 되자 슬슬 발동이 걸리기 시작했다. 급한 일들이 정리되고, 학교 일과 집안일의 루틴에 익숙해지자 자기계발의 시간을 가져야겠다는 생각이 들었다. 언제 시간을 활용하면 좋을지 생각해보기 위해 하루의 일과를 떠올려보았다. 저녁 시간이 가장 이상적이라는 생각이 들었지만 퇴근하고 난 뒤에 무언가를 한다는 게 부담스러웠다. 제대로 그 시간을 확보할 수 있을지 확신할 수가 없었다. 그러다 운명처럼 할 엘로드의 『미라클모닝』이라는 책을 만났다.

나는 그동안 저녁형 인간이라고 생각했기에 절대 새벽 5시에는 일어날 수 없다고 생각했다. 그 믿음 때문에 나는 중요한 일들은 대부분 저녁에 해결해왔고, 늦은 수능 준비를 할 때도 6시에 꾸역꾸역 일어난 게 전부였다. 그런데 이런 믿음을 단번에 깨뜨린 책이 바로 『미라클모닝』이다. 할 엘로드는 그의 책에 룸미러 증후군을 소개했다. 그의 말에 따르면 룸미러 증후군이란 과거의 나를 지금의 나로 착각하고, 과거의 한계에 근거해 지금 내가 가진 가능성을 제한하는 것이다. 내 과거의 한계는 '나는 저녁형 인간이므로 새벽형 인간이 될 수 없다'였다. 이것이 나의 가능성을 제한한다는 말에 깊이 공감하며, 앞으로는 새벽 시간을 적극적으로 활용해보리라 마음먹었다.

이후 나는 종종 실패하기도 했지만 포기하지 않고 출산하기 한 달 전까지 새벽 5시에 일어나 책을 읽고, 글을 쓰며 시간을 보냈다. 그 시간을 나만의 창조적인 시간으로 보내면서 나의 버킷리스트는 계속 늘어났고, 이 리스트를 완수하기 위한 작은 목표들도 하나씩 실행해나갔다. 블로그에 기록하기 시작했고, 온·오프라인 독서모임에 참여했으며, 디지털 마인드맵을 배우기 위해 서울에 올라가기도 했다.

또한 바인더를 더 잘 써보고자 부산까지 가서 '3P 바인더 프로과정'을 수강했다. 모치즈키 도시타카의 『보물지도』를 읽고 나서는 대형 코르크판을 구입해 나만의 보물 지도를 만들었다. 이 보물 지도에 나의 꿈과 목표를 시각화하여 꾸며놓았다. 그중 하나는 '책 쓰기'였으며, 지금 나는 이렇게 책을 쓰고 있다.

『리딩으로 리드하라』를 읽고는 인문고전을 평생 읽고 실천하겠노라 다짐했다. 『생각하는 인문학』을 읽은 후에는 대구의 '파이데이아'라는 북카페까지 다녀왔다. 그곳은 허친스와 아들러가 만든 '위대한 저서 읽기 프로그램'에 따라 서양의 인문고전을 읽고 토론하는 곳이었다. 나는 그곳을 다녀온 뒤 노년에 이러한 북카페를 지어 운영하겠노라고 결심했다.

2019년 1월에는 임신 7개월 차의 몸을 이끌고 창원까지 하브루타를 배우러 다녔다. 그리고 배운 것을 바로 학교에서 적용하며 실천하는 즐거움을 누렸다. 블로그를 더 잘 해보고 싶어 블로그 강의를 수강하러 부산에 다녀오기도 했다. 몸은 무거웠고 졸음이 쏟아지기도 했지만 배우고 실천하는 재미에 빠져 힘든 줄 몰랐다. 자꾸 늘어나는 꿈의 목록을 보면 앞으로의 내 삶이 기대되어 가만히 있을 수가 없었다. 나는 새벽에만 하던 독서와 글쓰기를 학교에서도 틈나는 대로 했고, 출퇴근하면서는 경제뉴스를 들으며 경제공부도 했다. 물론 퇴근하고 나서도 자기계발은 멈추지 않았다.

2019년 새해 목표에 대해 적었던 것을 보면 '헉'소리가 난다. 얼마나 꿈과 목표에 목말라 있었는지가 보이기 때문이다. 출산의 경험이 없었기에 감도 없이 하고 싶은 것을 마음껏 적었다. 그중 몇 가지는 이루었다. 하브루타 지역 모임에 참석했고, 동서양 인문도서를 읽었으며, '엄마라도 나답게'라는 엄마들을 위한 지역독서모임을 만들어 그해 9월부터 운영하고 있다. 또한 육아에도 최선을 다했고, 서브 바인더 활용도 잘했다. 이 외의 몇 가지는 못했지만 계획에도 없던 책 쓰기까지 도전했으니 만족하지 않을 수가 없다. 이 기세를 몰아 2020년의 목표 역시 '헉'소리 나게 세웠고, 앞으로도 쭉 그럴 것이다.

나는 종종 내 인생의 마지막 수능을 보기 전, 그 과거의 기억을 떠올려보곤 한다. 무기력했던 나, 희생자로 살았던 나, 현실에서 도망쳤던 나, 가상 세계의 끝자락에 매달려 위태위태하게 지냈던 그 시간을 나는 결코 잊지 못한다. 누군가는 나의 과거 이야기를 들으면 그 시기가 있었기에 지금의 네가 있는 것이 아니냐고 말해준다. 나도 그렇다고 생각한다. 그 시기가 있었기에 지금의 내가 있다는 것을 잊지 않고 산다. 그 시간을 보내온 것도 나이기에 후회하지 않으려 하지만 안타까운 건 어쩔 수가 없다. 그래서 나는 내가 사랑하는 사람들이 나와 같은 경험을 하지 않기를 진심으로 바란다.

그렇기에 나는 가만히 있을 수가 없다. 나는 죽어있던 그 시간에 비해 지금 살아있다는 사실을 가장 강렬하게 느끼고 있다. 꿈과 목표를 그리는 일을 온전히 즐기며, 그와 관련된 일들에 집중하며 살고 있다. 함께 꿈꾸는 사람들과 매일 황홀한 대화를 나누며 잠 못 이루기도 하고, 앞으로 무엇을 실천하며 살 것인지를 생각하며 일상을 특별한 시간으로 만든다. 메멘토 모리(Memento mori), 언젠가는 죽을 것을 알기 때문에 나는 소중한 일상이 그저 지나가는 것을 가만히 두고 볼 수가 없다.

지금 완벽하지 않기 때문에, 그럴 수 없기 때문에 배우는 모든 과정이 즐겁고 재미있다. 괴롭고 힘든 순간도 있지만,

그것을 이겨낸 짜릿한 순간도 있기에 계속해 나갈 수 있다. 나는 대단한 사람이 아니다. 그러면 어떤가. 그럼에도 '나'로 살기로 다짐할 수 있으며, 작은 성공에도 기뻐할 수 있는 내가 있다.

그래서 그저 움직여본다. 매일 조금씩 점을 찍는다. 이 점들은 기어코 짧은 선 하나를 만들어내고야 만다. 그것만으로도 나는 행복을 맛볼 수가 있다. 나는 오늘도 또 점을 찍어본다. 이는 앞으로도 쭉 계속될 것이다. 혹여나 내가 찍은 점들이 모두 선을 만들어내지는 못하더라도 나는 만족할 수 있다. 결국 오늘도 나는 가만히 있지 않았다. 그래서 지금 나는 너무나도 행복하다.

살기 위해 읽었습니다

초판 1쇄 발행   2020년 9월 25일

지은이   이윤희
펴낸이   정혜윤
진행   한진아
편집   김미애
마케팅   윤아림
펴낸곳   SISO

주소   경기도 고양시 일산서구 일산로635번길 32-19
출판등록   2015년 01월 08일 제 2015-000007호
전화   031-915-6236
팩스   031-5171-2365
이메일   siso@sisobooks.com

ISBN   979-11-89533-37-3 03190